現代佛學叢書

臺灣佛教與現代社會

傅偉勳・楊惠南主編／

江燦騰著

東大圖書公司

國立中央圖書館出版品預行編目資料

臺灣佛教與現代社會/江燦騰著．--
初版．--臺北市：東大出版，民81
　　面；　　公分，--(現代佛學叢書)
ISBN 957-19-1390-1 (精裝)
ISBN 957-19-1391-X (平裝)

1.佛教-論文，講詞等

220.7　　　　　　　　　　　　81000608

ⓒ 臺灣佛教與現代社會

著　者　江燦騰
發行人　劉仲文
出版者　東大圖書股份有限公司
總經銷　三民書局股份有限公司
印刷所　東大圖書股份有限公司
　　　　地址／臺北市重慶南路一段六十一號二樓
　　　　郵撥／〇一〇七一七五——〇號
初　版　中華民國八十一年三月
編　號　E 22023
基本定價　基本定價　肆元
行政院新聞局登記證局版臺業字第〇一九七號

民國初年推動佛教改革的太虛大師。

進佛學會男眾歡迎太虛大師盛況攝影紀念　廿五年六月

佛教改革在太虛大師的推動下迅速擴散，也引起保守勢力的反撲

參與臺灣文化協會時之林秋梧(前排右一)。

「體解如來無畏法，願同弱小鬥強權。」
林秋梧在臺灣敲響了佛教改革的木魚。

站在臺灣佛教變遷點上的慈航法師。

慈航法師遺訓㈠。

學佛所學　解佛所解

法性本來空寂
因果絲毫不少
自作還是自受
誰也替你不了
空花水月道場
處處時時建好
望爾廣結佛緣
自度之也宜早

行佛所行　證佛所證

一、慈道明辦
二、勤修三辦
三、精研正義
四、慈悲喜捨
五、忍辱柔和
六、自行雖辦
七、降伏其心
八、廣度眾生
九、唯慧是業
十、弘願成佛

十訓

慈航法師遺訓(二)。

慈觀法師爲慈航法師影響下的新一代臺灣佛教女性。

開種法師致力於社會公益事業，為一傑出之佛教女性。

稱名得救的觀世音菩薩是亞洲相當普及的信仰對象。

在觀音信仰的靈驗記載中，逐漸產生觀音造像的變遷，此為龍頭菩薩。

臺灣的「浴佛節」慶祝，是承襲北傳佛教之系統。

「浴佛節」之慶祝除了福田功德外，是否也應增添現代內涵？

孟蘭盆會是臺灣民衆最重視的佛教節日。

基隆市的盂蘭盆會將宗教行爲與現實生活緊密連結，形成當地特有的
七月文化。

印順法師的「人間佛教」，試圖為傳統佛教與現代社會鋪陳
一條溝通的橋樑。

《現代佛學叢書》總序

　　本叢書因三民書局董事長劉振強先生授意，由偉勳與惠南共同主編，負責策劃、邀稿與審訂。我們的籌劃旨趣，是在現代化佛教啟蒙教育的推進、佛教知識的普及化，以及現代化佛學研究水平的逐步提高。本叢書所收各書，可供一般讀者、佛教信徒、大小寺院、佛教研究所，以及各地學術機構與圖書館兼具可讀性與啟蒙性的基本佛學閱讀材料。

　　本叢書分爲兩大類。第一類包括佛經入門、佛教常識、現代佛教、古今重要佛教人物等項，乃係專爲一般讀者與佛教信徒設計的普及性啟蒙用書，內容力求平易而有風趣，並以淺顯通順的現代白話文體表達。第二類較具學術性份量，除一般讀者之外亦可提供各地學術機構或佛教研究所適宜有益的現代式佛學教材。計劃中的第二類用書，包括(1)經論研究或現代譯注，(2)專題、專論、專科研究，(3)佛教語文研究，(4)歷史研究，(5)外國佛學名著譯介，(6)外國佛學研究論著評介，(7)學

術會議論文彙編等項，需有長時間逐步進行，配合普及性啓蒙教育的推廣工作。我們衷心盼望，關注現代化佛學研究與中國佛教未來發展的讀者與學者共同支持並協助本叢書的完成。

傅偉勳、楊惠南

自序

　　臺灣佛教的信仰活動，近年來，相當熱絡，不論是室內的講經弘法，或戶外的朝山禮拜，在在都可看到大批的人潮在參與著。相對於此，佛教徒的社會關懷、佛教學者的學術研究、乃至新佛教理念的探索等等，也較之過去任何時期都更活躍和更顯著。假如花蓮證嚴法師的慈濟功德會，可以作為這一發展象徵的話，那麼我們可以說，臺灣地區的佛教發展，在光復四十五年後的今天，幾已進入一個「狂飆時期」了。

　　但是，在這些熱烈活動與急遽發展的背後，到底有哪些塑造的過程和相關的佛教人物在推動呢？或者從社會變遷與意識形態的醞釀來看的話，到底又可以歸納出哪些當代臺灣佛教的理念呢？這些問題，不祗是透視當代臺灣佛教發展的幾條主要觀察線索，也可據以權衡臺灣佛教信仰在現代社會中的功能、價值和意義。本書的撰寫，就是試圖在為上述的問題作部份的解答。

　　本書在結構上，共分成三個專輯，即第一輯討論佛教人物與社會變遷；第二輯是討論佛教信仰與文學創作；第

三輯則討論佛教思想與現代社會生活。原先，曾想在第四輯中討論佛教教育和佛學研究，但是其中有部份文章涉及了學術諍辯，為了使本書較適合一般性的讀者，似乎不宜把未定論或有諍議性的問題納入書中，於是將第四輯的全份抽出，準備在另一本相關性的書裡，才一併刊出。不過，閱讀本書的人，將會發現：本書現在形式和內容，是相當完整的，並不缺乏其應有的深度和廣度。

作為一個中國近世佛教史和臺灣佛教發展史的研究者，在本書中，我只是本著一個學者的良知和專業精神，來探討我所知道的佛教史領域，並以本書這樣的內涵，作為對臺灣本土宗教學術的關懷與回饋。我絕不敢申言：書中各篇毫無缺點，但自問已經盡最大努力了！

本書的各篇，除討論四聖諦和人生佛教與人間佛教這兩篇外，都先後在李政隆先生創辦的《佛教文化》上刊載過。而《佛教文化》的編輯同仁，像楊圳益先生、林金靜小姐、陳秋琳小姐、江美芬小姐等，都幫助催生了本書中大部份的稿件，尤其林金靜小姐的圖片設計，更是使拙文生色不少。在此我深致感謝之意。

傅偉勳教授本年(1991)暑假回臺，在法光佛學研究所授課，我攜自著佛學研究三本前往請教，結果蒙傅教授擡愛，除一再稱讚外，並立即推薦給信譽卓著的東大圖書公司，要我為其主編的《世界哲學家叢書》撰稿，指定的對象，即晚期四大師之一的憨山德清。傅教授對臺灣佛教學者的研究環境深表同情，因此他四處鼓勵年輕的佛教學者

寫書，而由他負責審核和推薦，以獲取一些生活上的資助。我就是蒙傅教授鼓勵和推薦的一個。對於前輩學者的這種溫暖的關懷，我除了道謝之外，更希望今後能多撰出一些佛學著作，才不辜負傅教授對我的期望。而東大圖書公司願意出版本書，主編黃國鐘先生的協助，都是令我深深感謝的！

一九九一年撰於竹北市

臺灣佛教與現代社會

《現代佛學叢書》總序　　　　　　　　1
自　序　　　　　　　　　　　　　　　1

第一輯　佛教人物與社會變遷

從大陸到臺灣：近代佛教社會運動的兩大先驅
　　——張宗載和林秋梧　　　　　　3
站在臺灣佛教界變遷點上的慈航法師　37
光復後臺灣佛教女性角色的變遷　　　77

第二輯　佛教信仰與文學創作

觀音信仰與佛教文學　　　　　　　　89
佛教文學對論——江燦騰 VS. 丁敏　　109
重視當代臺灣佛教文學的創作　　　　127
再論當代臺灣佛教文學的創作　　　　131

第三輯　佛教思想與現代社會生活

論四聖諦對現代臺灣社會的生活意義　137
從北傳「浴佛節」和南傳「衛塞節」之異同看佛誕日
　　在現代臺灣社會的紀念意義　　　143

歡喜迎七月──盂蘭盆會在臺灣的現代生活意義
161

從「人生佛教」到「人間佛教」──為紀念太虛大師
百歲誕辰而作
169

第一輯　佛教人物與社會變遷

從大陸到臺灣：近代佛教社會運動的兩大先驅——張宗載和林秋梧

一、近代佛教社會運動的訴求問題

　　針對臺灣佛教日漸趨重參與社會關懷的取向，筆者既專攻近代佛教史，便有義務就過去的教界經驗，加以檢討。或許，在某種程度上，可供現在的佛教界作為借鏡之用!?

　　不過，要談近代佛教的社會運動，我們必須先知道：近代佛教的社會運動，到底訴求些什麼？

　　我們知道，自清末以來，因寺產被奪和僧教育問題，佛教界也有過幾次的大請願和抗議行動，但，這種教內行為，是否可視為社會運動的一種呢？在廣義的解釋上，或許可當作一種社會運動。然而，我在此文中要談的，並非這一類型的。而是有思想為前導，有意識地向社會訴求、推動，才能算是嚴格定義下的社會運動。

　　問題是：佛教的社會運動，除了要求母體社會，在法制上和權益上，尊重佛教的傳統習慣之外，是否有進一步訴求的可能性？有無涉及到諸如「現代化」的問題呢？假如有，又是在哪一層面呢？

在傳統上，佛教的僧伽組織及其生活方式，自有佛教的經律典據和歷代沿襲的慣例可遵循，並不必然有追求「現代化」的迫切性。但自本世紀以來，亞洲地區的政治、社會和經濟形態，深受來自西洋的強勢文化的影響，而引起一連串的衝擊與變革。

太虛大師崛起在於改革

佛教團體，基本上仍附屬社會共同體的一部分，當外在的母體社會發生變遷，佛教團體，亦必須隨之變革，以為因應，否則必將歸於淘汰的結局。太虛大師在清末出家，所以迅速崛起於佛教界，主要即理解適應變革之必要，而多方汲取新知，以為改革之用，因而能領先於教內同儕。但是，就一個現代化的社會來說，哪些是必備的條件呢？僧侶的追求佛教現代化，是否與之有相干性呢？

社會學家丹尼爾·勒那（Daniel Lerner）認為，一個現代化的社會，至少必須具備五個條件：㈠自力成長的經濟結構；㈡公眾參與的政治體系；㈢流動的社會型態；㈣世俗的（Secular）、科學的思想觀念；㈤適應不斷變遷的人格。

這樣的現代化社會條件，無疑是以歐美高度發展的資本主義社會，和民主政治制度下的社會狀況，為依據的。但佛教的社會運動，在近代的特定時空條件之下，將不能例外，無法不對之起一種互動的關係。

傳統佛教的尷尬

尤其佛教四眾中，在家信徒，生活於現代變革快速的

社會環境裏，更能強烈感受到上述現代化社會條件之需要。相對於此，傳統的佛教社會，便須面臨被迫變革的尷尬場面。林秋梧和張宗載二人，就是扮演對傳統佛教施壓的強勢角色。因此，也成了所謂近代中國佛教社會運動的先驅者。

二、張宗載與「佛化新青年會」運動

張宗載到底是何許人也？他推行「佛化新青年會」運動又是怎麼回事？對近代中國佛教史不熟悉的人，恐怕都不免有此疑問吧？

張宗載這個人

張宗載是四川人，曾於北京平民大學精研法律、文學、哲學、佛教等科。一九二一年，曾赴俄考察社會主義。是「五四運動」後，常活躍於學生愛國運動的狂熱分子之一。奇特的是，他對太虛大師的一些佛教文章，如〈人工與佛學之新僧化〉、〈唐代禪宗與社會思潮〉(撰於一九二○年)，起了好感，於是和甯達蘊等在北京組織「新佛教青年會」，發行《新佛化旬刊》。

新佛化旬刊更名佛化新青年

一九二二年，太虛大師在湖北創辦「武昌佛學院」，張、甯皆投考為第一期生；《新佛化旬刊》接受太虛本人的指導，改名為《佛化新青年》。太虛大師並要彼等將重整後的組織，再遷回北京，設置於宣內象坊橋觀音寺，結合佛教界親太虛大師的道階、覺先等，展開全面性的社會推廣運

動。

　　但，在探討此一佛教的社會運動之際，我們必須先稍為了解一下：《佛化新青年》的意識形態是甚麼？爲何能激起社會運動的熱情？

海潮音結合社會主義與佛教

　　我們知道：「五四運動」前，陳獨秀在北京創辦《新青年》雜誌，獲得青年學者如胡適等人的贊同，鼓吹「新文化運動」，對北方各大學的知識青年，產生極大的影響力。

　　「五四運動」爆發後，結合「新文化運動」，更使中國沿海城市及內地各大學的知識分子，羣起響應。「民主」與「科學」，成了運動的主要訴求。而順此知識革命的潮流，西洋的各種政治、社會、哲學等新學說，皆紛紛湧入中國。其中對日後中國社會影響最深遠的，是俄國革命的成功經驗和布爾雪維克主義的傳入中國。不但陳獨秀本人成了共產黨的創黨者，共產主義也迅速擴散在激進的青年中。

　　恰好太虛大師自清末以來，即醉心於各種社會主義，雖一直未獲教內保守派僧人的支持，興趣卻始終不衰。「五四運動」後，他創辦《海潮音》雜誌，也順應時代潮流，將社會主義的思想和佛教相結合，像主張「農禪工禪」、「服務社會」、「自食其力」、「和尚下山」等論調都是。一九二一年的〈僧自治說〉，更明目張膽地鼓勵佛弟子，要「在自由的共產主義下」，從事農礦、勞工、醫藥、教化、藝術爲「成佛之因」；在「和平的全民主義下」，則可爲警察、律

師、官吏、議員、商賈等。

太虛大師實驗失敗

在這樣新潮、社會主義化的佛教理論下，絲毫不遜於當時學生運動中所傳播的各種激進思想，其能得到張宗載等人的共鳴，並奉之為導師，是不足為異的！

但是，在一九二一年以前，太虛大師屢次欲組織全國性的佛教組織，以及欲在傳統寺院中進行新教育理論的實驗，皆因保守派的強力抵制，而告失敗。

激進改革，凌厲批判

「武昌佛學院」和《海潮音》的贊助者，主要為武漢地區的在家信徒，名流、鉅商甚多，彼等既非出家僧侶，對傳統佛教慣習所知不多，既贊同激進改革，在態度上自無憐惜之心，務必貫徹其改革主張而後止。

因而在運動的推展上，早已含蘊著強力激進、凌厲批判的火爆種子。彼等將不像太虛大師仍廁身僧侶，顧忌猶存；而是以革命改造的聖鬥士自居，保守派一切作為，皆在彼等改造之列，其將忽視保守派之情緒感受和堅守傳統之心，自不待言。於是一場赤裸裸的改革運動，便在肆無忌憚的心態下，全面展開起來。

太虛又組世界佛教聯合會

當太虛大師要張宗載等赴北京推動「佛化新青年會」之同時，太虛大師也在廬山大林寺籌組「世界佛教聯合會」，內設「世界佛化新青年會」的隸屬組織。這些組織的推動，一方面是想借助日本佛教會的強大力量，結合各國

的佛教組織，以便進行太虛大師轉化歐美人士信佛的計劃；一方面，則借助智識青年的活動能力，達到改造傳統佛教的目標。

這兩種運動，幾乎是同時發動的。因此，印順法師，將一九二三年七月，當作太虛大師「世界佛教運動」的開始（《年譜》，頁一六二）是正確的。

佛化新青年會熱力推動

對此運動有利的因素，是在一九二三年時，國共合作的北伐戰爭猶未開始。武漢地區的政客、名流、北洋將領、鉅商等，皆頗激賞太虛大師的佛教事業，因此，以武漢爲運動中心，勢力可朝北洋政系下的華北各地展開。

「佛化新青年會」，奉太虛大師之命，移往北京的緣故，也是結合當地教內高僧——親太虛大師者，和教外名流，一起負責推動。主持者，除張宗載、甯達蘊而外，還有道階、覺先、悲觀、邵福宸、楊蝶父等人。推動的方法有三：

㈠由政要、名流，聯合具函向社會和各學校介紹。信函中說：「有京津滬各大學從根本覺悟之學生多人，本佛化之慈悲，作眞理之貢獻，共成立『佛化新青年會』。……加入運動者，達三千餘人。此眞青年學生之良藥，新道德之標準也！如此大好陽春，尙恐有脚未至，特此函達，希同情共表，代將此意徧布貴學生！……胡瑞霖、梁啓超、蔡元培、章太炎、范源濂、許丹、張慰西、江亢虎、傅銅、李佳白、莊士敦同啓。」

我們不必太重視這些簽名者的支持程度，因爲這不過

是中國舊社會的一種人情應酬罷了。

問題是在此運動的本質，是否具有可被接納的優點；否則簽名再多，仍屬具文而已。

㈡組織「佛化新青年世界宣傳隊」，到各省縣市宣傳，並放映幻燈片，以資鼓舞聽眾的興趣。但主要的對象，仍在全國佛教徒眾。

於是由太虛大師聯合道階、覺先和其他教內名士，如圓瑛、持松、顯蔭等，甚至包括太虛大師的學生如大勇等，一同具名，發出通電，呼籲全體教界人士共同向世界宣傳進軍。而整個電文內容，反映出太虛大師向來所持的思想。如：

> 乃者劫運日減佛法衰，嗟龍象之無靈，慨人天其誰護？……加以歐化東來，世緣全變，科學哲理之精，駕風馭電，政教藝術所向，滅國亡家。不能通世界常識，全失發言資格；不加入文化團體，坐待他人支配。區區佛門，寥寥寺廟，計三十年來，一迫于戊戌維新，再挫于辛亥革命，三排于外教，四斥于新潮。若無方便護持，將歸天演淘汰；……
>
> 「佛化新青年會」者，白衣中多善知識，青年界尤大發心，……妙現俗諦，擁護三寶，發行雜誌，暢行五洲，分設機構，漸遍行省。借科學哲理以

從大陸到臺灣：近代佛教社會運動的兩大先驅·9
——張宗載和林秋梧

轉法輪，於社會文化而作佛事，……向世界以宣
傳，旁及蟹文灌輸新知，加演幻燈，尤助多聞。
……可謂任大力宏，悲深智遠者也。

可謂推崇得無以復加。也可見太虛大師對此青年生力
軍，寄望之切！但這些不過是表面的文章罷了。

㈢藉機塑造形象。最成功的作法，是利用印度詩哲泰
戈爾訪問中國時，以「佛化新青年會」的名義，在北京法
源寺，招待泰戈爾賞丁香花，由詩人徐志摩傳譯，莊蘊寬
等作陪。太虛大師在席間，甚至表示「希望老詩人的泰戈
爾變成佛化的新青年」，其擅於利用名人為媒介，以塑造運
動組織的形象之技巧，於此可見一斑。問題是其最終的追
求目標，是甚麼？

「佛化新青年會」的運動推展，既然是遵從太虛大師
的改革理念而來，而「武昌佛學院」的第一期院生中，又
包括了來自全國各地的僧青年，彼等在改革熱情的驅使
下，滙成一股激進的改革熱潮，迅速地擴散，並反撲原來
出身的叢林寺院，要求保守派也跟著配合改進。

對立？不歡而散？

問題是：彼等雖有新傳播工具，可大力宣傳蘊含社會
主義成份在內的佛教改革訴求，卻因表達的方式過於快速
和直接，使得應有的磋商過程驟然縮短；造成的流弊是缺
乏有效的溝通，訴求變成激進派單方意見之宣告，卻很難

藉此而獲對方善意的回應。

於是，雙方的意見，不但無法拉近，反會形成激進者愈為激昂，聲調提得更高，訴求的條件更苛；對方卻愈來愈明顯地表示斷然拒絕的姿態，最後雙方落得不歡而散的結局。「佛化新青年會」本身，是否理解這一潛在的危機呢？

張宗載等的狂熱

據史料看，太虛大師的「世界佛教聯合會」，原很仰賴「佛化新青年會」的成功，來為其奠定穩固基礎。此一佛教的生力軍，不但思想和他接近，整個組織的運作，也幾乎在他與「武昌佛學院」的師生控制之下，從武漢到北京，靈活地彼此呼應。

然而，張宗載等，既獲有後援，又肩負振興佛教現代化的重責大任，遂以狂熱的姿態，四處發電文，不但大肆批評傳統叢林的弊端，更提出辦教育和改革信仰方式的要求。

例如由湖南籍的院生漱芳、觀空、會覺等，首先上書「湖南省諸山長老及諸檀護」，請求興辦佛學院；江、浙籍的院生，則要求「江浙各叢林寺院」和「諸山長老」，組織「江浙僧聯合會」，辦「有系院之佛學院」和設「慈兒院」等——這些都是太虛大師佛教理念的翻版。

太虛大師過去未能在上述地區獲致的改革實踐，如今卻希望透過新一代的僧人來促其實現。有可能獲得成功嗎？

強不可撼的既有勢力

傳統佛教叢林，有叢林的倫理和規矩，不但諸山長老們彼此有共同的利益立場，在叢林的背後，和護法信衆之間，也有複雜但可理解的社會關係。它像一張強韌的網，牽連和籠罩著各地區的佛教信仰形態，除非有超乎尋常的政治或軍事力量，否則難以在一夕之間，僅靠外在的激進吶喊，便告潰散。

以和太虛大師有多年深厚情誼的圓瑛爲例，自清末、民初以來，因才華優秀，又屢受前輩器重提拔，在佛教界歷鍊不可謂不多，他豈不知太虛大師的改革理想，的確有其獨到之處，否則他不會主動攀交在佛教界不論年齡或戒臘都不如他的年輕太虛。但是，站在江、浙叢林的共同立場，他無法例外，只能對來自武漢地區的院生要求，作一些禮貌但不著邊際的答覆罷了。不用說，隨之而來的，是雙方更趨緊張的關係。

挑戰與回應

尤其激進派發出改革的「八大使命」電文，更以充滿革命情緒的語調，對傳統佛教展開強烈地批判：

> 第一件使命，在革除數千年老大帝國時代舊佛教徒的腐敗習氣，露出新世運非宗教式的佛教精神。……第二件使命，在打破一切鬼教神教，中西新舊偶像式的陋俗迷、圈牢式的物質迷。……

此電一出，掀起佛教界的軒然大波，各方反應激烈，紛紛回電拒斥。連「佛化新青年會」推展最順利的北京地區，也由佛教界致書太虛大師，表示「有關佛教大局，萬難承認」。

而當時佛教界最富盛名的印光大師，也因遭到「佛化新青年會」的傳單攻擊，寫信給在「武昌佛學院」的唐大圓說：「光生而愚拙，概不預社會諸事。而以不附和故，妄受彼等（佛化新青年會）誣謗，加以第一魔王之嘉號。而諦閑為第二、范古農為第三，以馬一浮為破壞佛法之罪魁。其傳單有三數千言，想亦早已見過矣！」

可見當時激進派，對保守派凌厲而無情的攻擊之一斑。

火花闇滅

但是，這種類似日後「紅衛兵」式的狂熱舉動，其難以成功收場，亦當為預料中之事。

印順法師在《太虛大師年譜》中，評論此事說：「『佛化新青年會』之動機與八大使命，應有其理論根據與時代背景。然不求以事實獲取信眾同情，張皇鹵莽，徒以虛聲奪人，致受打擊而挫折，為可惜也！」實是公允之論。

問題是：一旦面臨傳統佛教界的全面反對聲浪，「佛化新青年會」的成員和太虛大師之間，又將如何自處呢？張宗載的角色又是如何呢？近代中國佛教社會改革運動，最有趣，或最值得借鏡的地方，就是在這些問題的解答上。

以下試爲分析：

㈠太虛大師的角色：

他是「佛化新青年會」的導師，整個改革運動的理念和組織，都是遵照他的意識形態所塑造出來的。連那些過激傳單的攻擊言詞和對象，釋東初以爲是出於「狂熱居士之手」，其實只要回顧太虛大師自民初以來的改革行動和他著作一再流露的改革思想，便會發現：縱使他在態度上會因已經有崇高社會聲望之故，而稍存顧忌，但在思想發展的路線上，這是必然會爆發的一個結局。何況，那些攻擊的行爲，如無太虛大師某種程度的默許，是不可能發生的。

在整個事件的關涉上，他其實是一個「直接的參與者」。

不過，在「武昌佛學院」的全體反應上，仍有太虛大師無法掌握的因素在。

原因是：「武昌佛學院」的成立，是由護法居士捐款贊助的，彼等還同時是能左右「學院」教育政策的「董事會成員」；在佛法上固然皈依太虛大師，在社會上彼等則爲鉅紳、名流，具有強大的影響力。

當彼等和太虛大師立場一致時，太虛大師可獲最佳護持的力量；而一旦彼此見解有異時，太虛大師便基礎落空，無法運作。所以當太虛大師在「佛化新青年會」的激進改革，遭受抗拒，而有意暫緩腳步時，彼等卻堅持前進。

於是，太虛大師變成了「夾縫」中的尷尬人物。一方

面未必能安撫保守派，一方面則爲激進派所不滿。

最後他只能力求「世界佛教聯合會」順利召開，而放棄對「佛化新青年會」的強力支持。但是，也種下了「武昌佛學院」日後背離他辦學理想的惡果，使他不得不黯然離去。

㈡張宗載的角色：

在心態上，他旣是太虛大師的忠實信徒，竭力配合太虛大師佛教運動的需要，而在華中和華北到處活躍。可是一個具有狂熱社會主義理想的知識靑年，對僧團處境的考慮，絕不同於身具出家角色的佛教領袖。換句話說，他是沒有傳統包袱的激進改革者，只要力量許可，他就可以肆無忌憚的使用，宛如常見的狂熱革命黨人一般。

但是，在北洋軍閥控制下的政治環境，對其他宗敎改革運動，可能旣不了解其意義，也未必會干涉，只有一種情況是例外：那就是和共產份子有關，一定會加以逮捕。

當時正是國共合作時期，北洋軍閥是被革命的對象。因此，縱使太虛大師和湖北督軍蕭耀南等，交情不錯，也不敢在政治禁忌上有所觸犯。

不幸，保守派很快洞悉這一弱點，檢舉張宗載爲「留俄的共產份子」，並經由「民生通信社」對外揭發。雖然「佛化新青年會」迅速設法澄清，在中外報紙上公開辯白與俄國共產份子無涉，「民生通信社」亦道歉報導不實；但旣有此嫌疑，頗不利繼續改革運動，張宗載便離開北京，回四川去，活動遂告中挫、停止。

(三)木村泰賢的觀感：

日本佛教學者和太虛大師有交情，而且被太虛大師期望協助其提升「武昌佛學院」教學水準的，是木村泰賢博士——東京帝大印度佛學的權威，和宇井伯壽齊名。

他是應邀來中國參加「世界佛教聯合會」的籌備會議，並促成「東亞佛教大會」在日本的召開。在中國期間，他拜訪了「武昌佛學院」，也目睹了「佛化新青年會」的狂飆式改革運動，留下了深刻的印象。

回日本後，撰有〈支那佛教事情〉一文，其中有一段話提到：

> 其間計劃周詳，規模宏遠，屹立長江上游，有宰制一切之威權，操縱一切之資格者，則為武漢之佛學院與佛教會。《佛化報》、《海潮音》、《佛化新青年》等雜誌，皆其宣傳之機關報。對於佛化運動，甚為活潑有力也！此等運動，不出於職業宗教家之僧侶，而出於側面之護法精神。彼等所唱之高調，確信能救濟世界之人心。

木村氏的觀察，是相當精確的。只是他沒預料到整個運動後來會因非宗教的問題而遭到挫敗。因此，對於「佛化新青年會」的失敗，既無事先預警，亦無深刻的原因分析，只就當時的現象，提出一些觀感罷了。

㈣張宗載與太虛大師的事後態度：

「佛化新青年會」的活動，在民國十三年秋張宗載被檢舉後，暫時停滯下來。但理想的熱情，依然未被熄滅。

太虛大師仍舊視張宗載為親信弟子之一，對其鼓勵有加，因此幾個月後，即民國十四年春初，「佛化新青年會」又復活，北京地區改由邵福宸負責，張宗載則與甯達蘊在重慶和成都設立分會。而「武昌佛學院」的同學會，由激進派的大醒、迦林、寄塵等主編《新僧》，再度展開對保守派僧侶的強烈批判。

但是，太虛大師此時已警覺到時局的變遷正在形成中，態度上漸趨於保守，他一方面將張宗載列入中國參加在日舉行的「東亞佛教大會」的二十六個代表之一，讓其到國外去歷鍊；另一方面，為了安撫保守派的長老之反感，不惜親自寫文章，題為〈箴新僧〉，以教訓自己門下激進派的學生。

回顧前一年（民國十三年），他曾在「武昌佛學院」的演講中，告訴學生說：

> 高者隱山靜修，卑者賴佛求活，惟以安受坐享為
> 應分，此我國僧尼百年來之弊習，而致佛化不
> 揚，為世詬病之大原因也。

此時，則大大恭維傳統佛教的叢林制度和長老，要求

學生：

> 對叢林制度，應持尊重態度，循之以求完善，不
> 可蔑視。
> 對於僧中長老修持有素、經驗豐富者，縱見其有
> 未知現實情形，設施不宜處，應持孝子孝順師長
> 之態度，婉言諫諍，感以真誠，不可浮誇自大，
> 囂囂然欲取而教誨之。

但是，太虛大師本人可以如此善變，那是因為他的佛
教事業：著作、講經、辦教育等，是多方面同時進行的，
調整某些言論態度，可保全局安泰。然而，以之要求激進
派學生，則難以收效也。

印順法師去年（民國七十八年），也提到「時代之變化
過於迅速，弟子亦有嫌大師新而不徹底者」。張宗載本身後
來，即成這種意識形態的犧牲者。

民國十五年，當革命軍北伐至武漢，將軍隊入駐寺院，
奪用寺產時，兩湖佛教會才慌忙集僧侶千餘人，加入革命
會，希望獲取同情。但對新當權派來說，佛教這些突來的
表態，未免太一廂情願，未有多大作用。

張宗載在民國十六年春末，來到武漢，對一些傳統僧
侶與新當權派勾結，深表不滿，又痛恨守舊派執迷不悟，
以致寺院被佔，學校解體，於是以「鋤奸會」名義，遍發

傳單，大罵僧尼；又在漢口辦《無畏月刊》，批評革命軍將領之一唐生智的師父顧淨緣（當時在武漢利用軍方勢力，凌辱其他佛教僧侶）被軍方逮捕下獄，幾個月後，才被釋放。

佛化新青年運動壽終正寢

「佛化新青年會」的靈魂人物，下場既是如此，接著又是國共分裂後的「清黨」，時機不利任何社會運動，「佛化新青年運動」於是正式畫上了休止符。

但對太虛大師沒有影響，因為不久之後，他不但與蔣委員長有了交情，還使「人生佛教」和《三民主義》會通。時代淘汰的，只是像張宗載這樣不知變通的理想主義者吧？！

三、林秋梧與臺灣佛教現代化運動

在討論過前述張宗載與「佛化新青年會」的運動之後，本文接著要檢討臺灣佛教的現代化問題。但是，在本文的例子中，為何選擇林秋梧呢？

我們知道，林秋梧的一生（一九○三～一九三四），係屬日據下的臺灣島民，在國籍上是日本國民的一份子。但就歷史學的角度言，研究日據時期（一八九五～一九四五）的臺灣佛教史，雖不能無視日本實際統治的事實，在視野上，則無妨做為臺灣歷史範圍內的「日據時期」來看待。況且，一九四五年之後，臺灣脫離日本統治，主權回歸中國，臺灣人研究前人歷史，站在鄉土的立場，更應加以探

討。

回顧臺灣佛教史

以林秋梧的研究者李筱峯先生來說，他是先獲悉林秋梧是他的一個親戚，又做過出家人，於是才搜集資料探討的。而他的研究視角，也是着重在：臺灣人怎樣在異族統治下，展開文化與宗教思想上的抗爭行爲。因此，我也將林秋梧當做臺灣佛教界的一位前輩來處理——假如這一說法可以成立，我便由此來作一些佛教史的回顧。

臺灣佛教史，如果要分期的話，明鄭和清領時期是一個段落；日據時期是一個段落；臺灣光復迄今又是一個段落。

光復後的臺灣佛教

臺灣光復後的佛教，主要是受一九四九年大陸來臺法師的影響，其中又以印順法師的佛學研究和白聖法師的傳戒最具代表性。

印順法師的義學研究，在臺灣佛教史上當然是空前的；但是在治學風格上，略近於日據時期的臺灣佛教學者，以之用來區分臺灣佛教的現代化或中國化，並不是很恰當的——事實上，到今天，臺灣佛學的研究，依然無法脫離日文佛學著作的籠罩。

傳戒功過論

而很諷刺的一件事，則是戒律精神蕩然的「傳戒」——排排隊、聽訓話、穿僧衣、背戒條、燒香疤等——被視爲正統中國佛教的典範。許多人認爲這些是擺脫日本佛

教惡習的革新舉動，並論斷光復後的臺灣佛教，是因此才復興的。事實上呢？

聖嚴法師在〈今日的臺灣佛教及其面臨的問題〉一文（撰於一九六七年七月），卻批評那些熱心傳戒的「大德」，有的「自己尚不知戒律為何物，竟也熱中於傳戒，……為了爭取更多的戒子，可以放棄律制的規定，……只要你能賞光來受戒，麻子、瞎（一隻）眼、跛子、癩子、聾子、無賴、神經病、痴呆漢、七十八十的老婆婆、老態龍鍾的老公公，一律授於上上品的三壇大戒。……使未信佛者不願信佛，已信佛者退減敬意，邪魔外道增加毀謗」。

聖嚴法師是教界行家，從大陸來臺，又精研戒律，以他來評論光復後的傳戒問題，功過應是很清楚的了。

在破除一些「傳戒」的神話後，我們來討論林秋梧，就比較容易看出他的重要性，而且也比較有一個衡量點。

事實上，臺灣佛教現代化的問題，不能一刀切，只看臺灣光復後這一段，一定要回溯到日據時期才行。正如談臺灣的民主運動或經濟建設，無法忽略日據時期的經驗一樣。

例如臺灣的「民進黨」，雖是解嚴後才正式成立的，但在「黨外」時期，他們在政治雜誌上，最常引用的政治抗爭模式，即是來自《警察沿革志》（臺灣總督府警務局編著）的相關資料。

同樣，要探索臺灣佛教的現代化社會運動，也必須回顧日據時期的改革經驗，才能有更清楚的理解。

另一方面，今天的臺灣社會，較光復前的臺灣，雖更繁榮，國民的教育水平，也已提高，在佛教出家眾之間，有博士、碩士、大學畢業等資格的，也不少。日據時期，佛教界，不論在經濟狀況或現代資訊的獲得，條件上是無法跟今天比的。但就佛教現代化問題來說，可能是另一回事。特別是佛教教育和戒律現代化的問題，今天的，未必較過去更優秀，更通達情理。

因此，我們以下就以林秋梧的改革運動，來檢討此一日據時期的佛教問題。

林秋梧與文協的抗日

林秋梧和張宗載無論在年齡、教育程度，或所處時代背景，都有幾分的近似之處。

林秋梧在一九一八年，考入「臺北師範學校」（這是「臺北帝國大學」建校之前，臺灣島上本省人能讀的高等教育的最佳學府），他的程度，應算是相當優秀的。

當時，正是祖國——中國大陸——在進行「新文化運動」，及隨之而來的「五四運動」之時期。臺灣學生，亦同感受到此一時代思潮的影響，先由在東京的留日學生組織「臺灣文化協會」，接著遷回島內，進行社會運動，展開政治與文化自主的訴求抗爭。

接觸佛教

林秋梧於一九二一年在臺北加入此一組織，並表現得相當活躍。但引起日本警方的注意和跟踪、監視，對他及家人，都帶來很大的心理壓力。

接著在一九二二年，臨畢業前，他遭到退學的處分。「師範生」是可任教職的，故他實際上是受到失學又失業的雙重打擊！

失學、失業之後，他一度赴日學商。一年後無法忍受店東夫人的冷眼待遇，又回臺灣；卻又遇到震撼一時的「治警事件」——由蔣渭水、蔡培火等發起的「臺灣議會期成同盟會」，遭到日本警方的全面取締。他家無恆產，又謀職不得，遂於一九二四年，搭漁船偷渡，回祖國大陸，考進廈門大學哲學系就讀。

推測從「師範學院」退學，到飄泊日本一年間，他開始接觸宗教（特別是佛教）的書籍。在憂患的動盪生活下，選擇廈大的哲學系，可以視為這一心態逐漸發展的結果。

但，在廈大第二年，因母親去世，只好又中斷學業，回到臺灣奔喪，丁母憂。他的母親臨終前，曾遺命：不可遠離父親。他便在家中潛心研讀佛典和西洋文化書籍。

可是這年（一九二五），卻是中國政治史上很重要的一年，並對臺灣島上的知識分子，發生很大的影響。

這一年孫中山先生逝世，國民政府改組，國民黨在北平召開「西山會議」，決議開除黨內共黨分子，踏出國共分裂的第一步。

而這一年共黨劉少奇籌組「中華全國總工會」，發動工潮，青島的日本紗廠發生罷工；上海學生也抗議日本「內外棉社」的罷工事件，學生被殺十一人，數十人受傷，即所謂「五卅慘案」——這不是純粹帝國主義和資本主義的

迫害問題；事件的後面，其實關聯亞洲地區，從大陸、朝鮮，擴及臺灣到南洋，共黨勢力激漲的結果。

加入美臺團

在此時代潮流下，民族主義的情緒和左傾的激進思想，獲得最佳滋長的溫床。「臺灣文化協會」依此為背景，恢復全島的活動。

林秋梧也加入「美臺團」──電影巡廻隊，為臺灣的農工同胞，做新知啓蒙的工作。一九二五、一九二六，兩年之間，巡廻各地城市和鄉村，大受民眾歡迎。

假如把張宗載的「佛化新青年會」，去掉「佛化」的外衣，那麼，不難發現：它和林秋梧與「臺灣文化協會」的運動背景、時代意識、傳播工具等，不是有太相像的地方嗎？

的確是的，海峽兩岸的羣眾運動，和亞洲其他地區一樣，都有一種連鎖的互動影響，不可以孤立的現象來看待。

文化協會的分裂

一九二六年，「臺灣農民組合」成立。一九二七年，「臺灣民眾黨」也成立。同時又發生了「中壢事件」──「農民組合」的示威遊行所引起的。

激進派一旦在運動中占優勢，必然帶來原組織的分裂。「臺灣文化協會」即由左傾新勢力的連溫卿，取代了林獻堂和蔣渭水等舊勢力。接著連溫卿又被更激進的「臺灣共產黨」所排擊而沒落。

入佛世界

相對於此，中國大陸也發生了「寧漢分裂」、「清黨」、「南昌暴動」和「兩湖秋收暴動」。而毛澤東據江西井岡山，開始建立起新的共黨基地。

林秋梧在臺灣街頭的活動，受「文化協會」的分裂之影響，於是暫告中止。趁此機緣，攜帶書本，到臺南古刹開元寺去讀。並由此，踏進了佛教的世界！

林秋梧在開元寺結識住持得圓法師，兩人皆不滿當時臺灣佛教的迷信和腐化的現象，對臺灣寺院與日本寺院的結盟，也相當反對。於是在開元寺的資助之下，林秋梧赴日，考入東京駒澤大學專修部，受教於禪學思想家忽滑谷快天的門下。一九二七年四月入學，一九三〇年三月畢業。

回到臺灣後，先後擔任「南瀛佛教會」的講師兼開元寺的講師兼書記等職務。

他成為一名合格的「布教師」之後，也取了法號叫「證峯」。親友對此詫異，他則揮筆自明心志：

　　儒衣脫卻換僧衣，

　　怪底親朋說是非。

　　三教原本同一轍，

　　雄心早已識禪機。

廣說佛教改革

從一九三〇年起，到一九三四年十月逝世為止，短短

四年之間，林秋梧活躍於臺南佛教界，除了演講之外，他的佛教改革理念，主要是撰文發表在著名的佛教刊物《南瀛佛教》上。他的文筆，不但流暢，而且充滿了光和熱，雖然簡短精鍊，但其散播的現代佛教理念，具有人道主義的關懷，又能熟練地引佛典說妙理，非常感人和有震撼力！

在當時，他只是開元寺的「證峯書記」，不是佛教領袖。但他的發言對象，卻是針對全體佛教界！因《南瀛佛教》刊載的文章，本身就具有這樣的媒體作用。這一臺灣總督府核准的佛教刊物，居然允許林秋梧的這種結合社會主義和佛教的前進文章，寧非異數？對於這一點，我目前仍不太清楚。

願同弱小鬥強權

林秋梧的現代佛教理念，到底表現在哪幾方面呢？

林秋梧的傳記作者李筱峯先生，曾將他的佛教理念，做了初步的整理。在他看來，林秋梧的出家，是披起了「反抗帝國主義」的袈裟，發出了「反抗殖民主義，反抗資本主義」的梵唱，敲響了佛教改革的木魚。因為林秋梧在一首〈贈青年僧伽〉的詩，說道：

> 菩提一念證三千，
> 省識時潮最上禪。
> 體解如來無畏法，
> 願同弱小鬥強權！

並且林秋梧強調：

> 修菩薩行的，便是社會改革的前衛份子。他們的
> 根本目標，在於建設地上的天堂、此土的西方，
> 使一切人類（再而及於一切生物）無有衆苦，但
> 受諸樂。佛所謂極樂世界，就是描寫著這個快活
> 的社會。

他的這種「人間淨土」的理念，較印順法師的《淨土
新論》，更早提出，更現代化。他在〈活殺自在之大乘佛教〉
一文中，批判偏重來世、柔弱無能的佛教界說：

> 今日之僧伽，岐於禪講之論，混於頓漸之辯，少
> 投機、執斷常。於是乎，偏袒帝國主義之野禿疊
> 出，助長厭世消極之枯禪叢生，而大乘佛法，則
> 爲之不振矣！
> 若夫我臺僧伽，即匪特盡其職者殆無，問其如何
> 爲僧伽應盡之天職，如何可解放島內弱小於鞭笞
> 之下，亦多叉手瞠目不知所對。「高等乞丐」之嘉
> 名特錫，「寄生害蟲」之徽號頻來，是亦非無謂
> 也。余每與吾師及諸同志，語至於此，未嘗不嘆
> 息，而引以自警也。

這當中，提到的「吾師」，即忽滑谷快天，關於他的佛教思想，及其對林秋梧的影響，我們稍後將會再提到。

根據李筱峯先生的歸納，林秋梧的佛教改革理念，有下列主張：

1.反對迷信與神怪，崇尚理性。

2.僧侶要有廣博的學識，崇高的社會理想。

3.反對死守戒律。

4.主張婦女解放，男女平等。

5.僧侶不可當馬屁精。

6.主張臺灣佛教的統一。

可以說，比太虛大師的一些改革理念更具新意和深刻意義。他不像太虛大師喜攏侗比附各種時代新知，而是以一貫的認知和獨立的見解，表示他對佛教現代理念的看法，很少重複而有新鮮感。

不過，李筱峯先生對我坦承：他對日據時期的佛教史，所知不多。的確也是這樣。他的書《革命的和尚》，主要是依據田野調查和林秋梧的一些著作，整理出來的。對於當時佛教界的大環境，其實並不清楚，只由林秋梧的批評來推測罷了。

因此，對於上述林秋梧的佛教改革理念，我有必要在此略作背景補充。但，限於篇幅，只能就關鍵性的問題，扼要的交待一二。其餘的，須留待我寫《臺灣佛教發展史》時，再一併詳細處理。這一點，請讀者要諒解。

中國佛教的弊習

臺灣佛教界的諸多問題：如沙門無知、偏重來世、各自為政等，固然是林秋梧當時激烈批評的，但這不是日據時期，臺灣佛教特有的現象。這是明、清以來，傳統中國佛教裡普遍存在的事實。臺灣佛教，在日據之前，就是承襲這一傳統的。

在一九二九年六月，有一位日本教師叫北畠現映，撰寫〈臺灣佛教　　　　　（關於臺灣佛教）〉，發表於京都的大谷大學《觀照》第十五號，其中提到：

> 島民原是移自對岸的福建和廣東，因此之故，臺灣的佛教，大抵是中國福州的巨剎鼓山湧泉寺與怡山長慶寺的末派。
>
> 在臺南，稱鄭氏建立的阿彌陀寺，皆為禪宗，尤以臨濟宗居多。然，現今殆無其形態。一般寺裡，合祀著阿彌陀、釋迦、觀音、勢至、文殊、普賢、藥師、彌勒、達摩、羅漢。僧侶只會念誦《觀音經》、《阿彌陀經》、《金剛經》、《般若經》，替死者祈求冥福而已。可是因為他們稱達摩為祖師，才知其為禪宗。
>
> 佛教僧侶的無學，真令人吃驚。他們多是無學無智之徒、孤獨的老人、貧困者、怠惰者，這些人把佛寺當做其唯一的慰安所，學會讀誦兩三卷經

文，就可以做個堂堂的僧侶去通用。……僧侶的
職務，完全是一種職業。在此間看不出有何等的
宗教意義。

這位北畠現映的描述，大抵是正確的，只是有一、二
點，須加說明。

他說鼓山湧泉寺的末派，在臺南有稱阿彌陀寺，爲禪
宗的臨濟宗。據我所知，晚明時，鼓山湧泉寺爲曹洞宗的
中興道場，受蓮池大師和永覺元賢的影響，主張禪、淨雙
修；而臺南府是臺灣最早移墾的地方，接受此一傳統，也
在情理中。只是臨濟宗在明、清爲禪宗主流，勢力最大，
故一般寺院，常以臨濟法脈自居。

其實不一定如此。

問題是：在中國寺院裏，可以模稜兩可的宗派，在日
本據臺（一八九五）後，與日本佛教宗派聯繫時，因日本
本土是各宗界限分明的，反映在臺灣的加盟寺院時，也開
始有了宗派的區別。這只要看臺灣總督府的宗教調查報
告，就一目瞭然。而日據時期的臺灣佛教，各派系間，情
形不一，是不能一概論斷的。

在臺日人的佛教

其次，日本佛教在日據時期，除曹洞宗外，主要是服
務日本民眾。

在江戶幕府時期形成的「檀家制度」，使日本寺院對

「轄區」的信徒，有密切的宗教生活關係，故移民臺灣後，不能適應本島的佛教方式，一再請求由日本本土原屬宗派，來臺布教服務，形成島上日本佛教宗派雖多，卻大多與本島人無關的奇特現象。

臺灣歸還中國時，大多數日本佛教宗派，皆隨移民撤回日本；留下的寺院，又被中國政府以「敵產」處理，如今幾乎都面目全非，或不存在了。

林秋梧和如學之異同

林秋梧在日本讀的駒澤大學，是屬於曹洞宗的，和臺灣的曹洞宗加盟寺院，有密切的聯繫。早期臺灣佛教的人士，常有來此就學的。

例如現在「法光佛學研究所」創辦人的如學法師，到駒澤大學念書的時間，約晚林秋梧八年。林秋梧是追隨禪學大師忽滑谷快天的，得力在佛教思想的解放；如學法師就讀時，則是跟澤木興道學修禪。

不同的階級，所受的影響也不一致。

嚴格來說，像如學法師那樣，一方面在臺灣寺院接受來自大陸福建鼓山系統的修行方式，一方面又接受日本駒澤大學佛學教育的，是屬於日據時期最典型、最正統的佛教養成方法，和當時臺灣曹洞宗系統，由基隆靈泉寺江善慧領導的派下寺院，最為相近，也是日據時期臺灣佛教的改革主流。

林秋梧並未到福建受戒，也未擔任寺院住持，他只是延續出家前在「文化協會」時的社會運動，再加上忽滑谷

快天的禪學思想影響，以之施壓於當時的臺灣佛教，做改革的吶喊。他雖思想前進，在佛教界則居旁支，兼以早逝（三十二歲），故不易有極大的影響。

獨身？結婚？任憑選擇

林秋梧的佛教改革理念中，曾大膽的呼籲營養不良的和尚們，安心地去吃火腿；對無法壓抑性衝動的僧尼們，主張可以正式結婚，有性生活。他引據佛教經典，說明獨身與結婚，是任憑僧尼如何自行選擇的，與他人無涉。這種前進論調，來自忽滑谷快天的啓發。

忽滑谷快天，在日本佛學界，是以研究禪學思想史聞名，在國際間也享有盛譽。

他是明治與大正時期，和常盤大定、久保田量遠等佛教學者一樣，很精研佛學思想在中國文化體系內，如何和儒、道兩家相互交涉的情形，只是他特別著重在禪學思想爲主體的變遷罷了，他的兩鉅冊《禪學思想史》，迄今猶是權威之作。

但他嫌惡只重形式的宗教生活，他原爲曹洞宗的僧侶，卻率先穿起普通服，並第一個結婚。這種前衛作風，縱使在日本，也被視爲異端，受到排擊。

林秋梧因傾心於他的自由解放，不但受教其門下，還接來臺灣做了許多場演說。在一九三二年二月的《南瀛佛教》，第十卷二號，林秋梧發表了一篇〈現世的戰鬥勝佛忽滑谷快天老師〉，就是記載他對忽滑谷快天的崇仰。

新觀念新詮釋

不過，林秋梧並非主張縱慾、行為放蕩的人。他其實是從現代人的新觀念，來看佛教戒律的。與其說他破壞了佛教的戒律，不如說，他從更健康、更積極的理性態度，來處理大自然賦予人類的慾望。儘管迄今，此一問題如稍有提及，仍會被佛教界排斥。但是這個課題，依然是存在的，並未消逝。

例如一九七七年，白聖法師將他於一九五一年《人生》雜誌發表的〈我對佛制改革的意見〉，重刊於《中國佛教》月刊，其中「和尚結婚」的問題，即引起佛教界的謗議和大諍論。當時適逢「世界華僧大會」第三屆會議，各地的華僧亦意見紛然，成了光復以來，佛教界最轟動的話題。

可見，佛教界要面對這個問題，還要很長的一段時間。

改革主張與政治立場

林秋梧生前，還竭力主張臺灣的佛教界要統一組織。他甚至擬定了一個三期完成的「臺灣佛教的統一方案」：第一期是「僧侶的聯絡」；第二期是「僧侶與在家佛教（齋堂）的聯絡」；第三期是「全島佛教徒的統一」。

李筱峯先生也描述了林秋梧當時在開元寺，如何對抗日本佛教人士及「御用紳士」，不讓彼等控制開元寺的寺產支配權。很顯然的，他是將林秋梧看做「藉佛教組織對抗日本帝國主義政府侵略」的象徵人士。林秋梧本人也的確傾向於這種模式的抗爭，意圖使臺灣佛教能獨立和本土化。

但是，我分析林秋梧的文章，發現他多次引用「孫總

理」的《三民主義》言論，和國民黨理論家戴季陶的話。可見他有可能在廈門大學就讀時，接觸了國民黨或其刊物；另一可能來源，就是蔣渭水、林獻堂等「文化協會」前輩的影響。

總之，在這一立場上，他比較屬於政治人物，而非純粹佛門人物。

有趣的對比是：當時在中國大陸的太虛大師，也在演講和著作裡，將佛法和《三民主義》會通。可見佛教團體，經常都在調整其政治立場，不能視若無睹。

問題是：日據時期的臺灣佛教界，主要領導人像江善慧（曹洞宗系統）、黃玉階（齋教系統）、沈本圓（臨濟宗系統），已經有一共同的佛教組織「南瀛佛教會」：一方面與日本系統的曹洞宗有加盟的派下關係；一方面江善慧又活躍於中國大陸的佛教界，和太虛、圓瑛等都有往來。太虛大師第一次（一九一七年）到臺灣來，就是他邀請的，使太虛生平第一次，能實地了解日本佛教的學界動態和學校課程，對日後辦「武昌佛學院」的課程安排，幫助甚大。

在臺灣期間，太虛大師曾回答熊谷泰壽說，中國僧界的生活現狀，「所行不外傳戒、修禪、講經、念佛、誦經、拜懺，其生計則依寺產、募化，及代人禮誦之所出耳」。和當時臺灣曹洞宗的佛教教育及佛學水準相比，都不見有超越之處。

所以，要了解近代佛教社會運動的背景，要將海峽兩岸的佛教狀況，多加比較才行。

後話

　　而林秋梧對全島佛教統一的訴求，是基於何種政治背景，才能有較清楚的理解呢？

　　有關林秋梧的改革理念，所涉及的佛教史，非常複雜，例如解釋「南瀛佛教會」的如何作用，就需許多筆墨。可惜無法在本文一次解決。

　　但在近代佛教的社會運動史上，他和張宗載的先驅地位，是值得後人懷念和再加探討的。

站在臺灣佛教界變遷點上的
慈航法師

　　臺灣佛教發展面貌上改變最大的，實以日據時期（一八九五～一九四五）和光復後迄今的兩個階段，前者深受日本佛教影響；後者主要是大陸來臺僧侶的影響。這兩者之間，如何銜接和轉變，即構成了臺灣光復後佛教發展的主要內涵。其中負責推動此一轉變的大陸僧侶，又呈現各人不同的風範，且在各階段或各領域中，皆有特殊的貢獻。本文即按發展的時間順序，先探討最早在臺灣光復後造成佛教界重要影響的慈航法師。至於其他法師的佛教事業和貢獻，則留待另文討論。

　　我們知道，慈航法師當年涉及和印順法師的一些糾纏，近年來，曾遭學界的為文批判。特別是道安法師（一九〇六～一九七七）的《日記》資料，頗有譏慈航法師者。因此慈航法師的佛教地位，似乎已大為減損。但是，本文的撰寫，並非在替慈航法師翻案，筆者對教界的個人是非，並不重視，毋寧說，是站在佛教史的宏觀角度，來看事件涉及的各種關係網絡及其時代的意義。相信這也是佛教史研究者，應具有的態度和應從事的方向。

因此，以下即分別探討慈航法師來臺灣的時代背景、辦教育的狀況，及其與教界的交遊或影響等。期望藉著此研究，能使慈航法師在臺灣光復後的佛教地位，有較具學術性的分析和評價。

一、大陸政局逆轉，慈航法師來臺

慈航法師是民國三十七年（一九四八）秋，應中壢圓光寺之聘來臺，自此滯留臺灣，迄民國四十三年（一九五四）夏，圓寂於彌勒內院，前後將近六年是和臺灣光復後的佛教界有關的。臺灣佛教史的發展，不能自外於國家政局變遷的影響。在這將近六年中，不論臺灣島上和海峽對岸的中國大陸，政局上都有驚天動地的變化。佛教界僧侶，亦同受此鉅大影響，或自大陸逃出，流離香港、緬、泰及南洋各地，或隨政府遷臺，另謀新佛教的發展。在論述慈航法師的來臺經過之前，理應對此大變局，作一扼要地回顧。

從臺灣政局的發展來看，民國三十七年之前，有兩件大事值得一提，一是臺灣的光復，一是「二二八事變」的發生。前者是由陳儀來臺宣告光復，正式自日本政府手中取回領土的主權，結束了日本長達五十年的統治。此一政權的轉變，也同時意味日本在臺佛教勢力的全面撤退和臺灣佛教更新的開始。但是，光復後，不到二年，即在民國三十六年（一九四七）二月二十八日，爆發了不幸的「二二八事變」，使臺灣島上的政治環境，蒙上了一層省籍衝突

的陰影。因而，在往後的歲月中，省籍衝突的緩和，便成了政治上的主要課題之一。

不過，就佛教界的情況而言，如無民國三十七年以後的大陸政局逆轉，則大陸僧侶無逃難來臺的必要，教界自無省籍隔閡的問題。故究其實質來說，民國三十七年以後的政局變化，才是佛教界決定性的關鍵。

以三十七、三十八（一九四八、一九四九）兩年的政局變化來說，先是國軍在「徐蚌會戰」失利，江北精華之地盡失。不得已，三十七年十二月初，中央機關遷至廣州。不到半年，亦即三十八年四月下旬，共軍又攻占南京、上海，江南的精華區也奪取在手，使中央僅堪保有華南和華中的部份省份。但再半年後，連廣州和重慶，也被攻占，於是國民政府於三十八年十二月七日，遷抵臺北。中共奄有整個大陸的統治權。這是近百年來，在亞洲大陸上所發生的最大的政治變遷之一。同時，就海峽兩岸來說，國共四十年來的對峙局面，亦於焉形成。

慈航法師到臺灣後，整個政局，除了上述大陸撤退、政府遷臺之外，其實也有新的變化，即「韓戰」的（一九五〇～一九五三）爆發，美國對臺態度改善，派第七艦隊協防臺、澎，臺灣的政局日趨穩定起來。

原先在「韓戰」期間，美國所謂協防臺、澎，其實是以第七艦隊隔絕國共在臺海可能爆發的衝突，亦即所謂臺海的「中立化」。「韓戰」結束後，美國副總統尼克森訪臺，象徵美國願意進一步支持在臺的中央政府。因此，隔年（一

九五四）二月，蔣中正（一八八七～一九七五）再連任行憲後第二任總統，並展開此後長達二十一年（一九五四～一九七五）的有效統治。

當然，此一局勢的穩定化，可以從民國四十三年十二月二日〈中美協防條約〉的簽字，以及隔年（一九五五）三月三日正式生效，當作一個觀察的指標。依〈臺海決議案〉（授權美國總統協防臺灣及澎湖之決議案）的內容，明白地宣告美國協防政策：

> 鑒於中華民國統治下之若干西太平洋領土，現正遭受武裝攻擊與威脅……美國參眾兩院決議：授權美國總統在必要時，爲確保及防衛臺灣與澎湖以抵抗武裝攻擊之特定目的，得使用美國武裝部隊。

臺灣的政治危機，和中共的武力攻擊有關，美國既然介入，中共便無法侵臺，外在威脅頓告減輕。因此，國民政府在臺的長期穩定統治，可以說是奠基在此一「協防」的牢固基礎上。而這一局面的形成，正是慈航法師在臺將近六年間的政治變遷狀況。

雖然〈中美協防條約〉的簽字和生效，都是發生在慈航法師逝世後的一年間。但是「韓戰」之後，這種局面已經相當明顯了。因而，論述慈航法師的佛教事業時，即不

應忽略他是在政局由危轉安的過度時期,致力於佛教使命,非在太平歲月中,靠各種良好的助緣來成其事業。這一時代背景,即構成了慈航法師事業的特質之一。

二、臺灣佛教從光復到日據時期

慈航法師是民國三十七年十月抵臺。原來「法雲寺派」的大老妙果法師(一八八四～一九六三)欲在中壢圓光寺辦「臺灣佛學院」,而閩籍出身的慈航法師,彼時適在南洋辦教育弘法,享譽甚隆,自為最適當之人選,於是託與慈航法師相識的宏宗法師,邀請他來臺灣講學。

但是,在此邀請的背景上,實涉及相當複雜的佛教史問題。因為純粹從辦學角度來看,中壢圓光寺方面,並非沒有能力自行舉辦。事實上,妙果法師不論年齡或戒臘,都和慈航法師接近;經驗上,他不但受具足戒於鼓山湧泉寺(一九一二),同時創苗栗大湖法雲禪寺和中壢月眉山圓光禪寺,在日據時期是加盟於日本曹洞宗系統,且身為合格的臺灣布教師。因此邀請慈航法師來臺必須從另外的角度來看,此即涉及到臺灣光復佛教轉型的問題。

研究臺灣光復後的佛教轉型問題中,有一極重要的部份,即民國三十七年十月中壢圓光寺舉辦的「臺灣佛學院」的定位問題。根據現有資料來看,妙果法師和慈航法師之間,在認知上,可能有極大的差異。而我們通常是從慈航法師的角度來看問題,所以在理解上,總是和民國三十七年後的發展,加以聯想。如此一來,往往容易忽略了慈航

法師未到臺灣之前，臺灣本島上的佛教概況。所以，在此先就臺灣光復後的佛教界概況，稍作一回顧。

臺灣佛教組織的變化，在日據時期，雖已歷經數次改組，但基本上，是在日本的曹洞宗和臨濟宗領導下，再聯合本島上的齋教系統，組成一共議的佛教組織。齋教在日據時期，除了須加入佛教組織外，大致上受到佛教界的尊重，並未以外教排斥之。因此，齋教在日據時期，和其他兩系，可說是相處融洽。

此一和諧狀況，在光復初期仍未大改變。但光復後，因日本佛教各宗派的勢力退出，臺灣佛教在組織上乃須作調整。民國三十四年（一九四五）十二月三十一日，來自全省的佛教徒代表，聚集在臺北市龍山寺，召開「臺灣佛教組織籌備會」第一次會議。推選善慧、眞常、李添春、林學周、吳永富、鄭松筠、宗振修、張坤良、林妙清等九人爲籌備委員。隔年（一九四六）二月二十五日，舉行全省會員代表成立大會，通過會章，選舉職員，定名爲「臺灣省佛教會」。由於此時大陸方面的「中國佛教會」還未召開「勝利後第一屆全國會員代表大會」，所以「臺灣省佛教會」最初成立時，仍是島上自主的佛教團體，並未隸屬「中國佛教會」的系統之下。而第一任的「臺灣佛教會」理事長，由臺北觀音山凌雲寺的住持本圓法師（一八八三～一九四七）當選，亦可視爲日據時期臺灣佛教領導勢力的延續。因本圓法師和基隆月眉山靈泉寺的善慧法師（一八八一～一九四五），同爲日據時期「南瀛佛教會」的主要領導

者。故在實質上，並無重大的改變，只不過名稱上有了改變罷了。

三、臺灣佛教性格轉變的基點

民國三十六年（一九四七）五月二十六日，「中國佛教會」在南京毘盧寺，舉行「勝利後第一屆全國會員代表大會」。臺灣佛教界亦派代表參加，代表之一，來自臺南的高執德，回臺後，還發表演說，報告「出席全國佛教代表大會經過及視察江浙佛教情形」。而「臺灣佛教會」即依據此次南京大會的決議章程，改組為「臺灣省佛教分會」，並從事促進各縣市支會的組織。其中花蓮、基隆、新竹等支會，在同年七月中成立，嘉義支會於八月成立，臺中支會於九月成立。這些組織的紛紛成立，代表大陸系統的「中國佛教會」，在法律和組織上，已開始影響臺灣地區的佛教界。這一轉變，同時也造成民國三十八年後「中國佛教會」在臺復會時，無可置疑的管轄權。臺灣佛教性格的轉變，可以說，是由此點延伸的！

臺灣光復初期，佛教界最具影響力的厥推善慧法師與本圓法師，一逝世於民國三十四年；一逝世於三十六年。而另一學養俱優的斌宗法師（一九一一～一九五八），則因久在大陸參研天臺教學，回臺後，雖在新竹古奇峰建法源寺，並到處講經弘法，但終究與各道場間的淵源較淺，故在教界的影響力，較之慧、圓二人，可謂大有遜色。

至於妙果本人，不但日據時期，已當選「南瀛佛教會」

理事；民國二十五年（一九三六），甚至傳大戒於圓光寺，這使他的影響力日增。在覺力法師（一八八一～一九三三）過世後，他事實上已成了「法雲寺派」的眞正領袖。他的實力，當然和他的道場不斷擴展有關。不過，正如日據時期臺灣一些道場所採取的「日中兼容」的雙重路線一樣，他的派下，依然和中國大陸的道場保有一定程度的關聯性。其中最具代表性的例子，是派下的眞常法師（一九四七年過世），曾先後就讀「武昌佛學院」、「支那內學院」、「閩南佛學院」，可以說和中國本土的改革派教育系統，有長久的密切接觸。臺灣光復後，新組成的「臺灣佛教會」裡，眞常法師也漸露頭角，成爲九名籌備委員之一。由於有這樣的背景，「法雲寺派」不難在光復後日本勢力撤出時，重新建立起和大陸佛教界的關係。問題是，眞常法師在民國三十六年即過世了，而當時大陸的變局正形成中，爲因應未來的新環境，妙果才決心在中壢圓光寺開辦「臺灣佛學院」，並託人轉聘在南洋辦教育的慈航法師來臺負責。此聘請的意義，最初並非爲了解決大陸來臺僧青年的生活與教育的問題。這是我們不可不先清楚的一點。

在討論慈航法師在臺初期的辦學狀況之前，我們先引一段印順法師的觀察。他說：

> 民國三十八年，值國運艱困之會，舉世危疑之際，中國佛教之憂患可知矣！慈老適於此時，自

星洲來臺島，闡揚正法，利益當時。雖居處靡常，資用窘乏，而於大陸僧青年之來臺者，攝受而教育之；百折不回，爲教之心彌堅。此慈老之不可及，而大有造於臺灣佛教者，功德固不可量也！

按這段話的語意來看，印順法師是著眼在慈航法師對「大陸僧青年之來臺者」的「攝受而教育之」，至於其他方面的貢獻或影響，則並未觸及。此外，在年代上，印順法師也誤三十七年爲三十八年。

不過，慈航法師在臺灣的佛教事業，的確也和民國三十八年的大變局有關。所以在以下的討論中，我們將分析中壢圓光寺的「臺灣佛學院」，如何在此大變局下，因無法收容太多來臺的大陸僧青年，而導致停辦的經過。

四、慈航關於「臺灣佛學院」的創辦理念

根據目前所知的資料來看，中壢圓光寺辦的這一「臺灣佛學院」，最初定有「三年」的「肄業期限」；但實際上，卻分有六個月的「訓練班試辦」階段，以及「正式研究班」階段。據嚴持在〈我對慈公老人的崇敬〉一文中回憶：

老法師是三十七年由中壢圓光寺妙果老和尚從南洋聘請回國辦學的；在未開學前，佛教各大刊物都登載出招僧廣告，大意是先辦六個月的訓練

班，然後再繼續辦研究班。

後來「臺灣佛學院」在「訓練班」的六個月課程結束，即不願續辦，而讓慈航法師有「上當」、「受騙」的悲痛之感。

雖然如此，我們可以根據慈航法師撰的〈創辦臺灣佛學院宣言〉一文，以探討他最初辦學的理念。

慈航法師在〈宣言〉中提到佛教與其他宗教一樣，皆佔社會文化的重要部份，其中，尤以佛教在人類社會中有最多信徒。而佛教之所以能影響現代人類的社會文化，實因它最理智、最能洞悉人類需要；而此一理念，並且可以和《三民主義》的學說相表裡。接著，他提到了以下的辦學旨趣：

> 我臺灣淪陷於異族人之手，五十年來固堪疾首，然民眾信仰佛教向未後人。雖一時曾被帝國主義者所利用，純潔無瑕之佛教，致蒙不白之冤！然亡羊補牢，猶未晚也。……際此赤燄橫飛之時，世界將無一片乾淨土，吾人應如何協助政府，重建新中國，則提倡佛學教育，實不可緩。同人等本此意旨，為國家計，為民族計，故有創辦「臺灣佛學院」之舉，所望愛國之士，凡有心提倡智育德育者，盍興乎來。

在〈宣言〉中，還附有〈臺灣佛學院簡章〉，共分總則、組織、經費、院務四章，計十九條。如果加以分析的話，可以發現幾個特點：

㈠「臺灣佛學院」並未規定以中壢圓光寺爲院址。因第三條規定：「本院院址暫設於臺灣」——連臺灣都非永久，遑論其他。可見這和中壢圓光寺的立場有異。

㈡在組織方面，規定採董事會制；院長董事會聘任。（第四、五、六條）

㈢經費方面，同樣由董事會勸募和指定銀行保管。（第八、九條）

㈣在學制（或稱院務）方面，有四條較重要，茲分別引述如下：

第十一條：本院學僧正額定四十名，高中程度二十名，初中程度二十名，遇必要時得收旁聽生。

第十二條：本院學僧，全係出家男衆，年齡在二十歲以上，四十歲以下，體格強健，無不良習氣和嗜好，經人介紹並保證其一切行爲，由本院考試及格後方准入學。

第十四條：本院肄業期限，暫定爲三年，學膳宿費免收，每月津貼零用五元，教科書由院發給，參考書個人自備，旁聽生除免繳學費外，其餘一切均須自備。

第十六條：本院科分爲：一、佛學，二、國文，三、英文，四、常識四科。

從有關學制的四條來看，原定名額是四十名；限男出家衆；正式生的學、膳、宿費全免，每月還有五元零用津貼，

可謂條件相當不錯。

這也是最初的構想。不過，在課程內容方面，除了英文之外，其他似乎還看不出有甚麼革新之處。

五、慈航代表的改革動力和新希望

根據幻聲〈永恆的遺憾〉一文，慈航法師離開新加坡時，曾在匆忙中回覆他和若水（自立）的信，信中提到：「我〔慈航〕不久要回祖國了！臺灣現在有人請我辦學，我想借此機會，著實為中國佛教教育做點事業，替未來佛教多培育一些人才，回國匆匆，我們希望能有見面的一日。」

可見他對即將接辦的「臺灣佛學院」，充滿了期望；並且也暗示幻聲和若水等人，可在必要時投靠他。隔年（三十八年）春天時，也真的出現投靠的熱潮。

慈航法師於民國三十七年十月間抵達中壢圓光寺後，斌宗法師雖未立刻前往相會。但在獅頭山勸化堂的講座上，一再提到：

> 臺灣教胞幸福，臺灣佛教快要發展了，我的弘法
> 工作有人幫忙了。……圓光寺妙果老和尚，為了
> 振興臺灣佛教，為了栽培弘法人才，從遙遠的南
> 洋請來了一位德學兼優，熱心教育，努力弘法的
> 慈航大師，創辦佛學院，將為我們臺灣放一線曙
> 光，這是多麼值得慶幸的事。

斌宗法師對於慈航的來到，可說有無限的欣喜。因為當時他東奔西走繁忙的講經活動弄得他有點過勞，不但喉嚨快喊破了，心臟也感覺很衰弱，正好可以藉此機會，鬆一口氣。

　　有一次，他和慈航法師在新竹本願寺的一場演講會後相見，他除了發表一篇熱烈的歡迎詞，還向慈航法師請教了四個問題：

　　㈠要怎樣來振興臺灣佛教？

　　㈡要怎樣來創辦健全的僧教育？

　　㈢要怎樣來團結臺灣佛教？

　　㈣要怎樣來弘揚佛法和推行佛教文化？

　　這四個問題，都是極關重要的。我們雖不知道慈航法師的當時回答是甚麼？但也可以看得出他當時代表一種改革的原動力和新希望。

　　斌宗法師後來在慈航法師「出事」（後詳）時，還慨然施予援手，成了慈航法師在臺灣最尊敬的教界朋友。因此，我們可以相信上述的期許之詞，不是單純的客套話。

　　慈航法師在三十七年秋到臺灣後，雖然住在中壢圓光寺，但開學前，為了招募學生，曾巡迴演講他的教育理念。慈觀法師是當時已出家在基隆寶明寺十年的比丘尼，到基隆著名的曹洞宗道場靈泉寺，聽慈航在寺中演講挽救佛教的危機，要靠興辦教育、文化和慈善這三大救命環，以及舉例說明在上海街上浪蕩的馬流僧，如何破壞佛教的形

象；而基督教、天主教靠教育，即能吸引社會人士和一般青年的嚮往。慈觀大為感動，即決心到中壢圓光寺報名求學！經過考試、寫自傳和口試後，成了五十名正式生的一個。

從上所述，不難窺知，慈航法師的到來，在當時頗受大家重視。而他自己，也是充滿了這樣的使命感。

然而，實際的教學狀況，又是如何呢？

慈航法師在〈創辦臺灣佛學院宣言〉中，將學科分為四門：佛學、國文、英文和常識。這四門課，最初是如何教呢？

首先，就英文來說，慈航法師本身並不精通英文，他不但無法教，連應用都嫌不足。但是，他知道英文的重要性。他有長年在海外生活的經驗，知道不通英文，簡直寸步難行。所以，他雖無法勝任，卻積極鼓勵學生學習，甚至花錢贊助他們去外面補習。在這一點上，可以說，他很成功地影響了一些學生學英文；日後那些學生也相當感激他這一點。

至於其他的功課，根據慈觀的生動回憶說：

　　早晨四點開板，到晚上九點。下課後，要寫大小字各一張、[及]一篇日記。到十點多，才能上床。恩師[慈航]的慈悲，[他]親自指導三拜，配合三陣鼓，[從]拜願、敲磬、[到]打木魚等，無

微不至的教導。早課後，要在大殿前背誦戒條。

……

除了這些教課內容之外，他還替學生出功課，要學生練習講解《大學》、背十篇古文，和一百條唯識學中的「百法」問答。

這些教學內容，可以說包括了大陸叢林的佛事規矩和他在太虛大師（一八八九～一九四七）著作中所學習到的部份內容。其中尤以唯識學知識的傳授，更是他生平最大心血去學習和宏揚的佛學內涵。就當時的臺灣佛學界來講，可以說，是嶄新而深奧的一門學問。

慈航法師雖雅好唯識學，但他的教學長處，卻不在知識本身的傳授。他其實是善用叢林講經時的「復講」方式，儘量要求學生練習口頭發表，他對學生說：「舌頭要磨，經歷磨練，才會成流利口才。」在近代的教學方式裡，是屬於『做中學』（Learning by doing）：藉實踐的過程，來學得所教的內容。因此，他非常鼓勵學生背誦和發言，甚至在學生全無心理準備下，也要求學生硬著頭皮講。

像這樣彷彿帶有極大強迫性的發表練習，其實是相當有效的講經師培訓方式，著名的講經家演培法師，早年即是被慈航法師用這一套硬逼出來的。因此，他到臺灣來後，依然沿用不替，可以說，成了他最獨樹一格的教學方法。

在另一方面，我們發現他對學生，有超乎異常的熱情，

彷彿永不疲倦似的，滔滔不絕地對學生講課。講課時，除了表情生動，聲音富感染力之外，甚至也穿插唱頌他所作的佛教的歌曲，使大家覺得有趣，也不會太緊張。像這樣活潑的講課方式，不一定能使學生全部了解他所教的內容，但是學生能感受到他的熱忱和關懷。很多學生樂於親近他，也和他的這種教學風格有關。

其實，在這些教學法背後，還帶有慈航法師個人艱苦求學的辛酸史在內。有關這一部份，稍後我們將再說明。總之，慈航法師初期用的這些教學法，基本上是充份發揮了他的個人特長，也令學生留下深刻印象。而後，在臺灣期間，迄過世前為止，他都沒有更改過這些作風。

六、大陸來臺僧青年的安頓問題

慈航法師在「臺灣佛學院」的教學活動，才進行了兩個多月，到三十八年春天，又面臨一個新難題。此即大陸僧青年到臺灣後，紛紛投靠他，要如何設法安頓彼等便成為一大問題。這些從大陸逃出的僧青年，初時人數並不多，陸陸續續地到中壢圓光寺投靠的有十幾個；直到講習班結業時，也不過二十多個。照說，對一個有經濟基礎的寺院，應不致構成太大的負擔。

可是問題並非如此單純。暫且不論中壢圓光寺方面經濟上是否負擔得起（事實上當時各寺院的經濟狀況都非寬裕），從現實的角度上來看，院方面對一波又一波的逃難人口，不但學生已超額，更嚴重的後果考量是：不知道還有

多少人要來？並且一旦答允收留後，即意味在大陸政局未改變之前，將可能要一直照料下去。這一現實的生活問題，在當時政局驚濤駭浪的狀況下，的確是相當棘手的。因此，妙果老法師開始和慈航法師談判，表示院方不願再多收留大陸逃難來臺的僧青年學生，使慈航法師面臨極尷尬且艱難的局面。

雖然到臺灣來辦佛教新教育，原是他滯留南洋多年後，回到祖國重新實驗教育理想的第一步；但他的眼光，其實早已看到未來在大陸上重放光芒的燦爛遠景──所以，他一直以新時代的革命僧人自許，始終都想賡續太虛大師革新中國佛教的未竟之業。因而，他人雖在南洋活躍多年，卻藉著自辦刊物，寄回國內，宣傳他的新佛教理念；以及藉著通訊和金錢資助，而和國內（指大陸上）的一些僧青年保持聯繫。由於有這樣的關聯性，所以為這些曾和他通過信，或曾慕其名者，作一些安頓的工作，在他看來，當然是義不容辭的！

可是，他難道不清楚自己其實只是中壢圓光寺聘請來的一名客卿？從他狂熱式地要為大陸來臺的僧青年找安頓的這一事實來看，當時他是否自居為一名客卿，並不重要。他是那種熱情、慷慨、樂於助人的出家人，且不論日後有人批評他藉縱容僧青年，而自為領袖的用心存在；在人人自顧不暇的當時，落井下石容易，伸出援手困難，以慈航法師在臺灣毫無自己道場可供安頓的條件下，願意不計一切，挑起這個沈重的生活擔子，實在是難能可貴的。所謂

「患難見眞情」，日後那些受他照顧者，大多感念不已，不是沒有原因的。

問題是，當妙果老法師表示不願再收留時，慈航法師怎麼辦？在自己幾乎一無所有的情況下，如何解決這些無處投靠的僧靑年之生活問題？以下有必要進一步探討。

七、「臺灣佛學院」的停辦

根據妙峰法師的回憶，最初他到中壢圓光寺的「臺灣佛學院」時，已有自立、幻生、惟慈等先來臺的大陸僧靑年在院中。大家生活在一起，師生之間，聽課、授課、遊玩等，都做到「水乳交融，師生不分的程度」。他描寫到臺灣後最初二個月的生活情形說：

> 圓（光）寺環境幽靜，雖然飲食較爲清苦，但老師慈悲，同學和諧，課程理想，生活的美麗像一首詩。活在這種環境中，好像陶醉在慈母的搖籃裡，吮著法乳，敎人忘了世界的擾攘，忘了人間的苦痛！這該是多麼幸福啊！

的確，從逃難者的角度來看，這是宛若世外桃源般的快樂生活。因爲慈航法師不僅在課業上爲他們作安排，食宿上也有所安頓。據幻聲法師說，當時佛學院的課程很低，慈航法師怕他們對功課感到失望而荒廢時光，因此便提出了

自由聽課的口號，同時在自己房中設立了一個辦公室，名義上是要他們為他編輯佛學白話小叢書，實質上是讓他們自修，多看點他的著作，以了解他的思想體系。可見三十八年初期這些大陸來臺的投靠者，是相當愜意的！

當時在舉目無親的臺灣島上，居然還有這樣令人羨慕的安居環境，不久即吸引更多來自各方的投靠者。其中還包括了最初並不願投靠他的師執輩人物，例如圓明、守成兩位法師，原本沒有親近慈航法師的意向（圓明後來還成了慈航法師最激烈的批評者，雙方大打筆戰）；但因人地生疏，生活和住處都沒有著落，只好投靠中壢圓光寺的「臺灣佛學院」，得到慈航法師的親切歡迎。

然而，正如前面所提到的，由於在短期內，突然湧來十幾個投靠的大陸客，圓光寺方面因而著了慌，害怕很多人會跟著來，便藉著寺中能力薄弱無法長期負擔的理由，直接向慈航法師表明：今後凡有新生，不再收留，並且要他寫信謝絕其他欲來而未來的投靠者。慈航法師力爭無效，非常氣憤，於是當天晚上，召集所有的同學講話，一開始就宣布：

> 諸位同學，此地不留人，自有留人處。明天請幾位新來的同學跟我走。……大陸上出家人，大都將寺產看為自己的私產，故一般小廟不掛單、不接眾；甚至好多大叢林裡面經濟並不短缺，但十

方大眾的生活，仍然極爲清苦。我們對臺灣寺廟的主持人，又怎麼過分的苛求呢？

於是他將院中的教務全交由剛從臺中來的圓明法師代理，自己宣佈要出外弘法。其實是要帶著新同學到各地的寺院去尋求安頓之處。

當時留在院中的唯慈法師，日後回憶說：

> 第二天早餐過後，天陰沈沈的，我親眼看到慈公老人，右手拄著拐杖，左手膀上套著一個扁型的藤籃，裡面放著一些換身的衣服，領著幾位逃難的同學，踏著潮濕的泥濘路，走向渺茫的前程。……

這一幕淒涼無助的逃難圖，相當令人感傷。但是慈航法師宛若母雞帶著一群小雞，東馳西走，惶惶不安地設法爲彼等找一暫時的棲身之地。

而他當時唯一的憑藉，就是來臺初期爲招募學生而到各地弘法時，所結下的一些法緣；此外，就是因常住派學生到圓光寺就學，因而攀上關係的寺院，才能提供給這些外來者一些幫助了。基隆的靈泉寺，是最先接納這些流亡學生的。以後幾乎成了圓光寺外的第二教學中心。

慈航法師帶著學生在靈泉寺住下未久，中壢的圓明法

師又介紹默如法師和戒德法師這兩位在大陸時即已享有名氣的大老以及佛聲、雲峰等人，前來靈泉寺求安頓。鑑於寺內人口眾多，食指浩繁（每餐開四桌），經濟的來源，可能難以為繼，於是他將靈泉寺的教務，再交給戒德、默如兩老，自己又開始另尋出路。最後，在苗栗獅頭山一帶，鼓勵山中幾家寺廟辦學，懇求他們收留逃難的學生。當時他帶著慧峰法師（一九二○～一九七三，後來在臺南市創名剎湛然寺，為首任住持）一起上山，在開善寺簡單地辦個佛學院，叫「獅山佛學院」，安頓了一些學生，並把慧峯法師留在山上教課。總算暫時解決了生活的問題。

然而，真正的問題，仍繫於圓光寺的「臺灣佛學院」六個月的預備階段結束後，到底是否續辦的這一謎底上。

從教學的資源來看，「臺灣佛學院」一開始就相當勉強。一些學生後來即指出，六個月的訓練班期間，院方沒有請過半個教員，沒拿出半文錢買過一本教科書，慈航法師也未支分文薪水。學生的所有教科書，都是他（慈航）拿南洋弟子供養的錢買來的，至於學生的筆墨、紙簿以及一切零用，亦多由他供給，全院的教務，都是自己承當。每天除了不折不扣的講五六個鐘點課外，晚上還為學生改文卷、日記、大字，此外，早晚共修還要領著學生上殿。所以他的學生批判這樣的教學環境是：

　　沒有充足的休息，沒有充分的睡眠，沒有較佳的

飲食，只有沈重的工作，加上不愉快不理想的環
境折磨。

當然，這是站在非寺方的批判立場來講的。就寺方的角度
來看，同樣也可自認是在經濟窘困的條件下，勉力為教界
的教育事業盡一點心意。因單是生活上的開銷，就可能會
使寺方的經濟負擔，重得喘不過氣來。

因而，當時雙方都可能存有藉訓練班的結訓，將未來
去向，作一明白了斷的預期心理。

到了三十八年六月，在中壢圓光寺舉行聯合結業典禮
（即原「臺灣佛學院」，加上基隆靈泉寺的兩院學生）時，
此一謎底很快就分曉了。

慈航法師在前一天，領著靈泉寺的全體院生，回到中
壢。他們攜著許多行李，可是下車時，不見圓光寺方面的
人前來接待；只見到幾個大陸來的院生，推著笨重的車子
來幫忙載行李。當時他難過得掉下熱淚！

當天下午，雙方開了一次會，討論畢業及畢業後的辦
學事宜。慈航法師原以為訓練班是試辦階段，訓練班結束，
接著應是正式辦學的開始。這在我們前述的〈簡章〉裡也
曾提過，是他創辦「臺灣佛學院」的最初構想。但事實上，
那只是他一廂情願的想法，圓光寺方面並不這樣認為。所
以討論的結果，是妙果法師決定停辦。學生馬上面臨停辦
後被解散的處境。

對臺籍的院生來講，如果解散，就各自返回原住的寺院，並無其他生活顧慮的問題。但大陸籍的院生就不同了，他們是逃難來臺的，舉目無親，家鄉又歸不得，四顧茫茫，真不知要何去何從？

慈航法師因實在無法說服院方繼續辦學，只得退而求其次，請其能收留大陸籍學生。妙果老法師初起以經濟困難為理由，多方婉辭；最後，迫不得已，才答應讓十個學生住下。其餘十幾個，即責由慈航法師設法安置。但他同樣是個外來客，又能有多大本事呢？

因此，接著當晚的「茶話會」，是在氣氛非常沈重的慘淡場面下進行的。會中，院方和來賓中的法師與居士都曾致詞；最後輪到慈航法師講話，他却只上臺對大家笑了三聲，未發一語即下臺了。宛然是訣別的場面，所以此三聲的苦笑，使在場目睹的學生，為之飲泣灑淚。

第二天，畢業典禮草草結束後，他隨即宣布：「願意留在圓光寺的同學，在黑板上寫下自己的名字（只許寫十個），別的都跟我（慈航）走，跟我流浪去！」此話一出，師生情不自禁地大家哭成一團。……

事實上，他來臺灣的辦學理想，到此一階段，可以說遭到徹底的幻滅了。接著而來的便是更艱苦的流離生活。

八、無端的下獄

慈航法師既然要帶著一批投靠他的大陸僧青年離開，先決條件，便須有個去處。但在惡劣的經濟條件下，有多

少寺院可以並且願意收留他們這一批人呢？

　　慈航法師個人雖可因其弘法的熱忱和辦教育的能力，在臺灣的一些認識他的寺院找到落腳之處，然而，他的身邊還有一大群人，要長期安頓，並不容易。例如在此之前，基隆靈泉寺的佛學部，也因經濟無法負荷而停辦，當時寺中當家的普觀法師，為此特與慈航法師商量，他也只好無可奈何的答應。不過，當時還有一線希望，是寄托在圓光寺的續辦佛學院上，所以他親回基隆領走學生。行前，請寺方挑選了其中的嚴持、威音等留寺中幫忙，其餘的，便帶著行李，跟他一起回到中壢圓光寺。誰知圓光寺也決定停辦，等於逼他走投無路了。所以在結業典禮後，他面對這一艱難處境，雖是出家多年，也不禁悲傷地痛哭失聲！

　　但悲傷並不能解決問題。他仍須到處設法安頓學生。

　　他要如何解決這一困境呢？事實上，情況也未到全然絕望的地步。因為在「臺灣佛學院」六個多月的開辦期間，他在院內院外的熱心教學和廣結善緣，已獲得不少臺籍教界人士的激賞，彼等皆有護持之心，只是倉促之間，力量仍未顯現，無法有效掌握和利用而已！

　　新竹市的靈隱寺住持無上法師，最先伸出援手。他擬藉寺中的幽靜環境，辦一佛學院，請慈航法師負責講學。於是慈航法師便帶著十幾個學生，一齊前往，暫時定居在靈隱寺。然而，為時不久，却遭到政府逮捕下獄；師生之外，連同其他一些新來的大陸籍法師，一共二十幾人，都在獄中過了一段鐵窗的生活。

為甚麼政府要逮捕他們呢？可能是有人告密，說他們有匪諜嫌疑；也可能是政府基於治安上的考慮，認為這一批大陸來的和尚，難免有匪諜混跡其中，有必要逮捕、拘禁，以便監視和盤詢真相。不過當時逮捕的法令依據，却是取締游民法，將彼等視為游手好閒之輩，可謂污辱到極點！但民國三十八年夏季，正是整個大陸局勢大逆轉之際，在風雨飄搖、人心惶惶的年代裡，大家都如喪家之犬，四處流離，所以在政策的考量上，會出現「反應過度」的現象，倒是不難理解的。

　問題在於，這一次逮捕後的發展，又是如何呢？

九、逮捕之後顯露的派系之爭

　當逮捕行動在新竹展開後，對於逃難來臺，而尚未有安穩落腳之地的出家人來說，宛若晴天霹靂，嚇得四處躲藏，不知如何是好？但從當時的各種反應中，則又可以看出彼時出家人的適應之道，以及窺見教界中的派系爭執背景。

　例如當時原打算在臺灣定居的樂觀法師（一九〇二～一九八七），即在風聲鶴唳之下，驚惶地逃出臺灣，因此而浪遊泰、緬多年。直到民國五十二年（一九六三），才又重返臺灣，而且已是一位受政府重視、在海外反共有成的忠貞黨員。

　而楊白衣先生（一九二四～一九八六）當時以年僅廿六的本省籍青年，帶著相識不久的江蘇籍的東初法師（一

九〇八～一九七七），匆匆地從臺北火車站搭普通車南下，開始環島茫無目的地旅行。數十年後，他清晰地記載著那段顛沛流離的逃難往事。由於頗能反映當時的驚慌逃難狀況，茲摘錄如下：

〔和東初法師〕從臺北坐普通車南下，第一站是后里。因爲后里有毘盧寺，我們想到那兒借宿一夜。當時交通不便，要去毘盧寺只有走路去。我們走了漫長的一段路好不容易才到達毘盧寺，沒想到她們竟以不住男眾爲由不肯留宿。也許是四面風聲甚緊，她們怕受到連累所致。東老爲人向來隨緣，雖被拒絕，但毫無難色，還聽她們訴說沒有飲水的苦經。他在此開示她們懺悔、拜願，並且以大陸上的許多事例爲證，勸她們多求護法慈悲賜水。我們總算以這些故事「騙」吃了一碗米粉……

離開毘盧寺後，我們拖著無精打采的腳步走回后里車站，再乘車往臺中，而於慈航院借宿了一夜。慈航位於臺中體育場後面，住持是達賢法師。當時王田的德照法師、養道法師也都臨時掛單在那裡。……她們雖然也覺得有點害怕，但在我保證之下，由東老填張流動戶口表，終於得歇息了一夜。當時因情勢惡劣，我們都不敢住宿大

寺院，專向郊外的道場跑。

翌日我們繼續南下到嘉義（宿天龍寺），從嘉義
到臺南（宿竹溪寺），從臺南到屏東（宿東山
寺），從屏東到臺東—花蓮—宜蘭，邊住邊返，大
約流浪了一週。

另據臺北臨濟寺的盛曼法師稱：

慈航法師被捕時，各地警察均同時出動，到寺廟
裡檢查。那天晚上也有幾個警察到臨濟寺，查驗
我們的身份證、入境證。好在我們證件齊全，乃
得無事。

由於此次逮捕，是如此地突然，且罪名又是「無業遊
民」，令大陸來臺的僧侶不但遭到驚嚇和難堪，爲了日後在
臺身份能合法化，除一面積極設法營救被關諸人外，同時
也決定在臺灣恢復「中國佛教會」。幾經研商之後，即於臺
北善導寺內籌設「中國佛教會駐臺辦事處」，推東初法師爲
主任，南亭法師（一九〇〇～一九八二）任秘書，白聖法
師（一九〇四～一九八九）任幹事，登記來臺僧尼，設法
維持其生活及道業。此一措施，事實上爲「中國佛教會」
在臺管轄權舖下了良好的基礎。而其重要性，在民國四十
一年底（一九五二），決定臺南大仙寺於光復後首次傳戒的

方式時，即可顯現出來。「中國佛教會」藉此壟斷了此後的傳戒決定權。

而當時對於慈航法師等人的被捕，也有幸災樂禍的人。據妙峯法師在〈哭老人——六年來的沈痛〉一文中回憶，當時佛教界的前輩中，有人表示：「非把老慈航弄到連褲子都不得穿出臺灣不可！」

假如我的理解沒有錯誤的話，那麼這個人應是太虛大師門下的大醒法師（一八九〇～一九五二），因為大醒法師是來臺僧侶中，最輕視慈航法師者，甚至當面公開羞辱過慈航法師。據道安法師回憶，他曾親聞慈航法師自述，遠在民國十六年（一九二七）三月，他曾往廈門南普陀的「閩南佛學院」就讀，當時教務主任即為大醒法師，因慈航法師是裁縫出身，雖讀過俗家私塾而文字欠通，但大醒法師卻絲毫不通融，當面不客氣地嘲笑他說：

> 看你外表很魁偉，還像個人，年齡也已三十多歲了，為何文字一竅不通至此呢？

由於這樣近乎侮辱的批評過於明顯，慈航法師就學才三個月，便自動離去。他一生中，正式的佛學院教育也僅此三個月罷了。以後，他在安慶任迎江寺的住持時（一九二九），感於雖身為一寺之主，四眾領袖，仍無法看懂佛學書籍，心中非常急愧！而先前在「閩南佛學院」的遭辱經驗，又

使他斷絕再入佛學院深造的念頭，於是唯有靠自己暗中摸索苦讀了。當時（一九二九），法舫法師（一九〇四～一九五〇）和唐大圓（　？　～一九四一）在武昌辦佛學函授班，他立刻滙款、報名參加，花了銀圓一塊伍角，却換得一本看不懂的《唯識講義》，令他更覺羞恥。也因此激發了一股不服輸的心理，將這份看不懂的《講義》隨身携帶，人到那裡，就帶到那裡，從安慶一直帶到香港、緬甸，帶來新加坡，不論是船上、車上，差不多每日或隔幾天，都拿出來閱讀揣摩。這樣經過十幾年的歲月，才算完全瞭解了，自此奠下了「唯識學」的基礎。他所以每到一地應邀演講時，必汲汲於「唯識學」的介紹，即是基於上述艱苦的求學歷程而來。

但是，大醒法師為何在臺灣期間（一九四八～一九五二）還會對慈航法師不滿呢？照理說，雙方在「閩南佛學院」的那段「心結」，不應在事隔二十幾年後，還存有芥蒂，且更不應該發生於曾羞辱人的大醒法師這一邊。那麼，我們要問：何以大醒法師會對慈航法師的被捕，如此幸災樂禍呢？其心理的不滿淵源何在？是否有派系背景呢？

其實此事連民國四十二年二月才到臺灣來的道安法師也覺得不解，曾請教深知此事的嚴持法師，雙方對答如下：

道安法師：慈師對人如何？

嚴持法師：很有禮貌，從不毀謗法師們，對學生

愛護，無微不至。

道安法師：對大醒如何？

嚴持法師：當大醒入臺那天，慈師住在中壢圓光
寺，特地由中壢跑來基隆接他，在碼頭上當眾向
大醒頂禮：這是我老師。又請他吃齋，種種恭
敬。大醒到了善導寺之後，有次慈老去看他，他
正在講演，他講完了，聽眾鼓掌歡迎慈老上去
講，講完了，去拜大醒，大醒對他冷淡不加理睬，
慈老立即辭出。聽眾還未散，大醒對聽眾說，慈
航本是我們太虛大師的學生，後來轉拜圓瑛為
師，如此種種不良行為。聽眾中，不少為慈師弟
子，反將大醒的話告知慈師。慈師對彼由此發生
膈膜。慈師被警察抓去時，孫太太（案：即孫立
人將軍夫人，張清揚女士）到處找人幫忙營救；
而大醒不但不幫忙營救，反而說救他做甚麼？到
處放大炮，胡說八道，罪有應得。其嫉妬亦如此
也。

嚴持法師的話中，明確地提出二點證據：㈠是大醒法師確
曾幸災樂禍；㈡是大醒法師的不滿，源於慈航法師的拜圓
瑛法師（一八七八～一九八三）為師。亦即，慈航法師的
立場轉變，是大醒法師不滿和幸災樂禍的根源。換言之，
太虛大師和圓瑛法師這兩大陣營（前者代表改革派；後者

代表傳統派）的派系衝突，隨著大陸僧侶的渡臺，居然蔓延到臺灣島上了。問題是，慈航法師出家之初，原是在江浙傳統派的叢林中受教育的，所以圓瑛法師的另一個高徒也是影響臺灣光復後佛教傳戒方式的白聖法師，在慈航法師過世後，稱其爲「卅年前之學友，且爲同門之法兄弟也」。實際上則慈航法師自民國十七年（一九二八）後，即傾心於改革派的新潮思潮，且標榜爲「新僧」的一員。此後，直到他在南洋從事佛教新教育運動，獲得極大成功，仍未更改此一立場。他尤其喜愛南傳佛教的黃色袈裟。民國三十五年（一九四六）九月，甚至致函他景仰不已的太虛大師，責難他不該任意更改僧裝，而有退出「新僧」之憤語。但，無論如何，他對太虛大師的改革精神，可說一直是奉爲圭臬的。連最熱心維護太虛大師佛教思想的續明法師（一九一九～一九六六），也不得不承認，在太虛大師圓寂後（一九四七），教內呈現的一片荒涼景象中，慈航法師在南洋依然吹起佛教革命的號角，且將此革命潮流透過刊物湧回大陸佛教界，令他深爲感動。大醒法師素以「現代僧伽」自命，難道不曉得此一事實嗎？顯然的，這不是思想新舊的問題，而是派系立場的問題。

根據新近出版的《圓瑛大師年譜》來看，圓瑛法師於一九四七年於南洋檳城極樂寺傳付心印給慈航法師，法名古開。這是慈航法師到臺灣來的前一年之事。按南洋向爲閩南佛教傳播區，圓瑛法師在當時影響力極大，故圓瑛法師此舉，不能視爲一種派系的拉攏，而是對人才的器重。

就慈航本人來說，也不能視爲對太虛大師的背叛，因爲他雖熱衷太虛大師的改革思想，但在太虛大師的陣營中，仍屬邊際的人物，以這樣的角色，大醒法師却責以背叛派系的立場，可以說相當不搭調。

然而，大醒法師的過度反應，也非無的放矢。因早在慈航法師來臺之前，太虛大師派下的李子寬（一八八二～一九七三）已在臺北善導寺的經營權上，和圓瑛法師派下的白聖法師互相較勁；結果白聖法師落敗，善導寺爲李子寬所接收，並接太虛大師門下改革派的健將大醒法師來臺主持，建立起大陸來臺僧侶在首善之區臺北市的最初佛教大本營。但白聖法師不甘示弱，經由「臺北市佛教會」理事長曾景來（一九○二～一九七七）的介紹，購得臺北市南昌街原屬日產的十普寺（日據時期原名「了覺寺」，民國三十四年臺灣光復後改今名），作爲隔年（一九四九）來臺的安頓之所。因此善導寺和十普寺的擁有者，不但是最有經營實力者，也象徵大陸兩大陣營在臺對立的領導者。假如明白這一點，就可以明白爲何日後李子寬在大醒法師過世時（一九五二），無論如何，要將原滯留香港而無意來臺的印順法師，設法接來臺灣安頓；同時也可以明白爲何大醒法師要痛斥已屬圓瑛法師名下法子的慈航法師，以及爲何「中國佛教會」在臺復會時（一九五二年八月），會選一個蒙古籍的章嘉大師（一八九○～一九五七）爲理事長，原因之一就是爭執難以擺平，而不得不如此安排。而慈航法師只不過是在派系爭執中的受害者罷了。

十、「彌勒院」極盛的獨秀時期

慈航法師在新竹警察局，其實只關一夜，隔日即移監到臺北市的東大寺。當時一些原屬日產的佛教寺院，如善導寺、十普寺等，都被軍方或治安機關徵用，除非後臺很硬，否則寺僧難以立足。如非這一棘手問題，善導寺和十普寺便不會轉手給大陸籍僧侶；因為在臺北市要擁有一座寺院，並不是那麼容易的。也因為這一背景，慈航法師被移監到東大寺來，即是寺方當時具有「準治安機關」的性質之故。

由於同時被關的還有律航、道源、戒德、默如、心悟、佛聲、蓮航、性如等一些佛教界的名流在內，不論本省、外省的信徒，都紛紛前往送飯和送水果，表現了佛教護法的可貴精神；並且也透過各種關係，展開營救的工作。我們前面曾提到孫立人夫人張清揚女士的營救努力，以及大醒法師的坐視不救。但，被關的這些人，對當時佛教界來說，太重要了，所以連當時望重一時的斌宗法師也親到臺北善導寺請李子寬、大醒法師和孫夫人設法保釋。而當日適大醒法師不在，斌宗法師苦候至傍晚，才留書而歸。此外斌宗法師也派門徒慧嶽法師到新竹獄中，請典獄長賴遠輝──法源寺的忠實信徒──特別照顧獄中諸人。可以說，無省籍之分地盡力營救。

然而，當時的釋放權，決定於行政長官陳誠（一八九七～一九六五）身上。李子寬身為國大代表，前往陳公館

請求放人，陳誠答以：「當依法處理。」而據佛教史家明復法師的看法，認為是住在臺中的大同法師與白聖法師商量，面求黨國元老陳果夫（一八九二～一九五一）的父親陳靄士老先生出面，寫信給陳誠長官，經查明眞相，才恢復自由。總而言之，佛教界運用一切關係，經過近半個月的努力，終於使慈航法師等獲得釋放。

斌宗法師在獲得大醒法師的函告之後，立即通知各有關寺院的負責人，前往保釋。慧嶽法師則在衆人獲釋後，代表斌宗法師前往探望和送給慰問款項。慈航法師爲此感激莫名，頓悔過去對斌宗法師的一些誤解，轉而視斌宗法師爲生平知己，推崇備至。所謂患難見眞情，慈航法師經過此一波折，直到民國四十三年五月過世前，都感念著斌宗法師師徒的援手。

出獄後，由臺籍曾就學「臺灣佛學院」慈觀尼師和廣聞尼師等，徵得汐止「靜修院」的當家達心和玄光兩尼師的同意，接慈航法師到「靜修院」居住。但是，當時政府戶口查得很緊，而慈航法師沒有身份證，且身穿外國黃色僧服，很惹當地警察的注目，經常跟蹤。而一旦發現無身份證，隨時有再入獄的可能，爲避免警騎，經常由學生慈觀和廣聞兩尼師護著，在崎嶇的山路間奔逃、躲藏。事實上，從達心、玄光尼師以下，這些平素看似柔弱，與世無爭的女性出家人，在此期間都英勇、機智、堅毅地表現了大無畏的護師精神。而當聞說慈航法師要設法回南洋，以免經常遭受官方盤查之苦，她們甚至藏起他的「護照」，令

他無法辦出境手續而永留臺灣。她們這樣做，就是在中壢受教慈航法師門下時深受感動，而進一步想繼續留他任教的結果。所謂「種瓜得瓜，種豆得豆」，慈航法師在臺六個月的努力，並未白費，他在一些臺籍的女學生中獲得最高度的敬重和護持；否則他出獄後的流離生活，一定更加凄涼和不堪！

等到風波告一段落，「靜修院」更建築了「彌勒內院」，讓他可以安頓其他的大陸籍僧青年，以及作為講學和定居之用。而原分散在各地的大陸僧青年，紛紛再投靠於此。慈航法師過世前，「彌勒內院」可以說代表了當時臺灣島上最有活力和最具影響力的佛學教育中心。

十一、慈航法師在臺後期日趨式微

自從慈航法師在汐止「彌勒內院」定居後，彷彿名氣更大，影響力更強，因許多名流和教界人士，都相繼前來請教，或聽他講經說法，可謂山陰道上，人蹤不絕，熱鬧非凡。當時，他在教內也誠然有一言九鼎的力量。這些局面的形成，和他的待人誠懇熱情，善於講經說法，以及來臺後活動力強，到處廣結善緣有關。

但是，在這些表面的熱鬧之後，事實上存著一些根本上的弱點，令他不得不逐漸在臺灣的佛教圈裡，趨向沒落之途。這些根本上的弱點何在呢？茲分述如下：

（甲）、他的佛教資源無法擴充

雖然他來臺灣甚早，又因辦佛學院和到處講經說法，

而擁有極高的知名度。但這些看似有利的條件，實際上難以用來擴充本身的佛教資源。因為他天性慷慨，不善理財，雖有來自南洋的門生信徒捐款供養，卻左手進右手出，全散發給在「彌勒內院」的學生花用了。而在「彌勒內院」，達心、玄光等尼師要擔負一批長期在院的大陸僧青年之生活費，也是倍極艱苦的。所以在局面上，僅堪自保，不足以言發展。

（乙）、北部的佛教界出現了眾多強勢的競爭者

臺灣自民國三十八年秋以後，在北部地區逐漸出現了一些外省籍的強勢競爭者。在善導寺方面，除了對他相當不友善的大醒法師外，李子寬實際上在努力設法邀演培法師和印順法師來臺。李氏的用意，是希望藉著太虛門下的這些法將，在臺灣能幫他弘法或辦教育，以發揚太虛大師的佛教改革理想。不用說，慈航法師是被他視為另一陣容的。在慈航法師於汐止「彌勒內院」辦佛學院的稍後，李子寬和大醒法師也移師到新竹，想和靈隱寺的無上法師合作，同樣辦一佛學院和慈航法師別苗頭。並且在民國四十一年大醒法師因腦溢血過世後，迅速請來印順法師和演培法師接棒。印、演兩人，在佛學造詣上，不論深度和廣度，皆超出慈航法師的水準甚多，使他相形失色。不論他私下如何苦讀和精進，再也難以維持像過去那樣一枝獨秀的地位。除此之外，教界中的南亭法師、東初法師和道安法師等，在學養上也都優於他。其中雖有道安法師一度和他合作，但整個來看，人人各有打算。於是在臺灣北部的有限

地盤內，慈航法師事實上已不易有大作爲了。

(丙)、他在「中國佛教會」內無法發揮影響力

　　「中國佛教會」是因民國三十八年夏秋之間的那場官方逮捕，而引起重新在臺掛牌復會的構想。民國四十一年八月三十日，在臺北召開第二屆代表大會，並照章選出理事三十一人、候補理事十五人、候補監事五人。其中蒙古籍的章嘉活佛，代表蒙藏地區，得票最多，選任爲第二屆理事長。

　　有關「中國佛教會」在臺復會後的功能不彰及其他諸多缺失，此不及贅述。但其最大功能，是將臺籍的佛教精英排除在組織外。東初法師在〈了解臺灣佛教的線索〉一文中提到：

> 　　臺灣佛教人才並不缺少，自日本佛教大學或專門學校畢業的約有十數人，自閩南佛學院畢業的，約五、六人，鼓山派、觀宗派都有人在，新舊俱有。這些人無論在日據時期或現在（按：此文撰於民國四十二年；彼時「中國佛教會」爲非正式的復會）都可說是影響未來臺灣佛教的關係人物。……但是這些中心人物只有少數加入佛教會，或掛一個空名，其餘大部分人都因爲對佛教的主張不同，沒有參加，甚至許多人不滿意佛教走向社會。

事實上，因為「中國佛教會」的理、監事名額，是按各省分配的，當時大陸各省不論會員人數多寡，皆在臺灣成立分會辦事處，享有配額。所以，整個組織的大權，實際上是掌握在大陸籍僧侶的手裡，特別是白聖法師藉著傳戒的方式，割斷了閩南鼓山系的戒律傳統，在臺灣重新導入了改良式的寶華山傳戒方式，以及引進「結夏安居」的夏季戒規集訓制度，於是從根本上掌握了此後近四十年的臺灣佛教領導權。其餘的大陸籍僧侶，稍後亦隨之喪失領導權。而慈航法師雖和白聖法師有同門之誼，實際上相知不深；兼且彼此領袖慾皆強，要合作共創事業，相當困難。在這種情況下，當白聖法師汲汲在臺灣建立傳戒的權威時，慈航法師卻恰好閉關在汐止「彌勒內院」；再過一年餘，又因腦溢血病逝於關中。所以他事實上已喪失最關鍵性的有利時機了。縱使他多活幾年，亦無法更改這一領導權旁落的事實。

由於有以上的弱點，在他後期，他不但發現有些一向追隨不捨的親近學生，已漸漸離心，藉故朝新竹方面跑；而且，連他過去在困頓時接濟過的圓明法師，現在也轉過頭來，一面撰文讚揚印順法師的了不起，要大家向他學習；一面則為文批判慈航法師的淺薄無知。他雖曾撰文反擊，也無濟於事。因為論組織力他不如同門的白聖法師；論學問又不如印順法師。他幾乎是在黯然的感傷中，突然離開人間的！

但是，他的過渡性使命已達成了。道安法師在民國四十六年（一九五七）三月撰稿時，曾提到他死後三年，那些追隨過他的一些學生的情形。他說：

> 這許多僧青年，有的現在「福嚴精舍」，跟著印順法師作深入的研究；有的當方丈（心悟法師等）；有的主編雜誌（自立法師主編《佛教青年》；心然法師主編《中國佛教》；清月法師主編《人生》），有的在佛學院當教師（心悟法師、清霖法師等）；有的為他編印全書（自立法師等）；有的努力學習英文（淨海、以德、能果、印海法師等）；有的禁足或閉關自修（惟慈、宏慈、果宗法師等）。這些優秀的僧青年，莫不受著慈老偉大的感召力而精進不懈。

的確，這些人在光復後的來臺僧侶中，代表後起的佛教智識青年，雖稱不上傑出，起碼是一批難得的有用之材。而在坎坷歲月，曾領他們走過崎嶇路途的，就是充滿熱情、愛護後輩的慈航老法師。因此，我們認為慈航法師在光復後的臺灣佛教界，雖非大學問家和大思想家，但可以稱得上是一位成功的且難得的教育家！

光復後臺灣佛教女性角色的變遷

一、傑出佛教女性輩出

有關光復後，臺灣佛教女性的角色變遷問題，是一項有趣而值得探討的主題。

什麼是「臺灣佛教女性的角色變遷問題」呢？此處所謂「佛教女性」，其實包括在家、出家兩眾，在傳統上，是屬於沙彌尼、式叉摩那、比丘尼、優婆夷這四類。但本文中，為行文方便起見，一律以「佛教女性」稱呼之，以別於「男性」的在家、出家兩眾。

或許有人會問：探討「佛教女性」的「角色變遷」，到底有何意義？難道佛教界中也有「女權運動」的問題嗎？否則為什麼要探討這個問題？

對於這一質疑，可以用反問的方式，以代回答：亦即今天臺灣佛教界，最具影響力的人物中，已有幾位屬於「女性」的？例如花蓮慈濟功德會的證嚴法師、華梵工學院的曉雲法師、法光佛學研究所的如學法師和恆清法師、任教福嚴佛學院的昭慧法師等，都是大家耳熟能詳的；我們能

忽略她們的成就嗎？我們能不探討她們何以能如此嗎？

二、環境改變，觀念改變

治中國佛教史的學者都知道，雖然佛經裡，曾提到一些著名的「女菩薩」，像《勝鬘經》裡的主角勝鬘夫人、《維摩詰經》裡捉弄舍利弗的天女、《法華經》裡轉身成男的龍女、《佛說月上女經》裡美貌驚人的月上女等，足以表現佛教女性的優秀成就之處；但是，真正在社會上有實際的影響力，且幾乎可以和佛教男性分庭抗禮的，仍屬臺灣光復以後的事。

為什麼光復後的佛教女性，能突破前人的格局？這必須從幾方面來觀察：一是社會價值觀的改變，二是教育的水準提高，三是經濟能力的自主性增強。而這三方面的因素，又和臺灣光復後，四十多年來的大環境變化有關。因此，討論光復後臺灣佛教女性的角色變遷，著眼點就是觀察這一大環境影響下的各種變動現象，並進而探索其變動的軌跡和時代意義。

在臺灣光復初期，社會風氣相當閉塞，不論女性出家人，或在家女信徒，都少有在外界活躍的。雖有部分女性出家人，像如學法師、修慧法師，曾受過高等教育，但是，傳統佛教的出世取向，以及「八敬法」影響下，以男性出家人為主體的宗教性格，並未改變，所以佛教女性的地位及所扮演的宗教師角色，大多屬於隱性功能。換言之，縱使她們在寺中掌握經濟大權，在對外的交涉上，仍退居次

要地位。此種情勢的改變，要到稍晚時期，才逐漸出現。

我們可以舉兩個有代表性的尼師在觀念上的改變來說明：

三、天乙說法了得

天乙法師（一九二四～一九八○）是光復後的佛教女傑之一，臺灣高雄人，世出名門。早歲留學日本，二十二歲畢業於東京昭和大學文科，歸國後，披剃於屏東東山寺，受戒於臺南大仙寺。她可以說是光復後第一批在臺灣接受大陸寶華山傳戒系統的尼師之一。照理說，以她的學養，應該是很快就會在佛教界中出人頭地的，但是，民國四十二年十月，道安法師在汐止彌勒內院講學時，卻發現天乙法師意外地保守，他在《日記》裡寫道：

> 天乙受李炳南之影響，只一句彌陀了一生，不欲
> 上進。且曰：「女子尼姑，縱有天大本領，亦無
> 法弘法於人群，只一句彌陀自修即足矣！何學
> 爲。」

這是天乙法師受戒第二年時的心態。

然而，隨著白聖法師在佛教界影響力的迅速擴展，天乙法師逐漸成爲其門下的得力助手，開始活躍於佛教界。先後歷任臺北圓通學苑、彰化白雲寺、嘉義紫雲寺、高雄

興隆寺等住持，說法布教，弘揚戒律，絲毫不遜教界男性法師的成就。

四、慈觀新念護教

慈觀法師——法師在日據時期，已出家於基隆寶明寺；在慈航法師於民國三十七年十月到臺灣來之前，她已經歷十年的出家生活。當時，她一直「以爲每天拜佛誦經，早晚兩堂課誦，能背誦即是修行。」特別是光復初期，臺灣治安有過一段騷動期（二二八事件），令她覺得上進無益，能苦修解脫生死最好。

但是，慈航法師以新教育家的姿態來到臺灣，擬在中壢圓光寺辦「臺灣佛學院」；開學前，曾到各地巡迴演講，招募學生。慈觀即是到基隆月眉山靈泉寺聽慈航法師的動人演講，了解「教育、文化、慈善」爲挽救佛教危機的三大救生圈，於是報名入學，成爲慈航法師影響下，臺灣新一代的佛教女性。

慈航法師在臺期間，一度被政府逮捕下獄；後來雖獲保釋，仍被嚴密跟蹤監視。幸虧慈觀法師等人，不畏艱險，盡力協助躲藏和照料，才能使慈航法師度過那段苦難的逃亡歲月。臺灣佛教女性出家人，爲護師護教而冒險犯難的大無畏精神，在此爲佛教史留下了珍貴的一頁。

慈航法師過世後，慈觀法師仍精進不懈，不但在臺北天母創辦淨光寺，也負笈日本，進東洋大學大學院深造五年，回來後，又擔任佛學院長三年，並與玄光、修觀等尼

師，共組「財團法人慈航社會基金會」，從事社會服務工作。因此，她可以說是觀念上改變的典型人物之一。

五、佛光山傑出比丘尼代出

佛教女性的角色轉變，當然不只前述的兩個例子。像佛光山的星雲法師，來臺初期，雖默默無聞，但因努力寫作、勇於革新，在宜蘭雷音寺停留時期，曾吸收了一批受過良好中學教育的女徒弟。以後，他帶這一批人到臺灣南部開創新事業，這些女徒弟也因此經驗成熟和能力大增。並且爲了適應臺灣社會環境變遷的新趨勢，她們又紛紛赴日深造，取得高等學位。我們只要舉慈惠法師、慈嘉法師、慈容法師就夠了。至於像較晚的依空法師、依昱法師、依筏法師、依日法師等，由於時間切近，且大家都很熟悉，當然更不必介紹了。

這一批出身星雲法師門下的傑出女弟子，在臺灣佛教女性的社會弘法功能上，實有不可忽視的重要性和發展性。且讓我們拭目以待！

在佛光山的系統外，我們另外應提到較奇特的兩個例子：一是高雄市義永寺的住持開種法師，一是苗栗苑裡鎮大興善寺的無名尼師。

六、甘於平淡的開種法師

提到高雄市的開種法師，在南部佛教界，可謂名聞遐邇，無人不知。法師俗名李菊，民國二年出生於高雄市，

五十二歲才出家；但出家前，法師已是婦女社交界和金融界的名人，且一度參與過第二屆省議員之選舉，堪稱對現實生活有極豐富閱歷的時代婦女。

當絢爛的社交生活，漸趨平淡之際，法師走入佛門；受具足戒後，致力經營義永寺，使成為高雄市有數之大伽藍；且不改出家前的慷慨熱忱，急公好義，對社會公益事業的贊助不遺餘力。法師之例子，可謂臺灣佛教史上的傳奇之一。

七、不求聞達的無名尼師

至於苑裡海邊大興善寺的無名尼師，則是臺灣佛教界的「女」廣欽法師。其人年輕時，家庭富有，就讀過日據時期的「臺北第三高女」，是光復前臺灣社會中，少數受過良好學校教育的女知識青年之一。她曾結過婚，生有一子二女，約在三十五歲時，因夫婿病逝，才捨俗向道，將兒女交由公婆撫養，自己一心一意修行。

她和開種法師幾乎是完全相反的兩個類型，她採取的是一種內斂的、隱逸式的苦行。據說她有二十年的光陰，不論寒暑，整年都打赤腳、禁語，長年坐在水泥地上，日夜「不倒單」地專持〈大悲咒〉。她幾乎足不出戶，住的地方，只是簡陋的小房，沒有牀、沒有桌，只有兩三套千補百衲的衣服，且一次只穿一套。她不告訴別人有關她的姓名和來歷，甚至不准別人為她照相。在飲食上，據說她早期每星期只吃一點水果，後來則幾乎不吃任何食物，每天

只喝幾杯「大悲水」而已！

八、自然中見偉大

像這樣不求聞達的苦行者，其實也有她的價值觀和社會關懷。例如她不自認是修行有成的「人天師」，不接受任何人禮拜，如果到寺裡的人，有人一定要禮拜她，她馬上反過來拜你。她常以手勢對人表示，她自己很渺小，像空中之鳥和水中之魚，不值得別人如此崇禮頂拜。她不願被拍照，曾交代跟從她的女弟子說：「有什麼好看，一付醜樣，過幾年也許就生銹了！要上了報，笑死人！一個微小的尼姑！請他們不要好奇！」這就是她的獨特價值觀。

但是，從全島坐遊覽車來看她的人潮，可以說長年不斷。她對這些好奇的朝聖者，是以加持過的「大悲水」布施給他們，或者也為一些女眾，用「念力」為彼等作「平安加持」。她生平只收女徒弟，且鼓勵她們去受戒，取得正式的比丘尼資格；但她本人，可能是自己剃度、自己受戒。──我們在這裡也可以看到她的出家自主性和她的價值觀。她在事實上已超乎形式或非形式的外在認定了。

像她這樣曾受過良好教育，有過正常的婚姻生活，然後才選擇自主性的平凡苦修生活，幾十年精進不懈，且不忘卻對社會大眾的關懷，可謂「自然中見偉大」的一位佛門女性。這也是佛教史罕見的典型之一。

九、女眾崛起貢獻大

在光復後的佛教女性中，當然還有如證嚴法師、昭慧法師等這樣的女中豪傑；女居士中，也有像張清揚女士——孫立人將軍的夫人——這樣對臺灣光復後的佛教文化有貢獻的傑出佛教女性。

我們必須指出：從民國四十一年在大仙寺，以寶華山的傳戒規範，在臺灣進行傳戒以來，除僅有的一次，因退伍軍人出家受戒多，而使男眾超過女眾外，每年出家受戒的女眾比例，都是高於男眾的。

臺灣光復後，出家女眾的崛起，及其對佛教界經濟、教育和弘法事業的貢獻之大，也都是歷代難以想像的。恆清法師以美國威斯康辛大學的博士學位，進臺大執教；慧嚴法師以日本佛教大學的博士學位，在中興大學執教，說明了新一代佛教女性教育水準的提高，和影響力的擴大。而這一發展，同時也應歸功於臺灣光復後，社會經濟的發展和教育機會的普及，兩者是無法分開討論的。

在另一方面，由於佛教女性地位的提高，女權意識亦隱隱然出現。前清大史研所教授古正美博士，率先在《當代》雜誌第十一期發表論文，批評佛教對女性的歧視。

十、重視平等性

不過，早在此之前，一代佛學泰斗印順法師，於民國五十四年三月廿二日，在覆聖嚴法師的信中，已提到今後

對傳統佛教的「八敬法」不必過於重視，為日後計，「當重
視平等性」。聖嚴法師也認為「八敬法」對佛教女衆的限制，
過於勉強，他「希望將來的中國比丘尼衆，至少能夠組成
屬於尼衆自己的僧團」（見《覺世》二九二期）。

這兩位當代最博學的佛教學者，顯然早已看出臺灣光
復後的新佛教發展，而在觀念上作了新的明確指示。所以，
我們看得出佛教界的有識之士，在觀念上並不保守，而是
與時俱進的！

在臺灣光復後第四十六年的「三八婦女節」，筆者謹以
此文，為臺灣的佛教女性賀節和喝采！

第二輯　佛教信仰與文學創作

觀音信仰與佛教文學

一、亞洲觀世音信仰的不同形態與世俗化的發展

觀世音菩薩的信仰，在亞洲各民族間，相當普及。香港《內明》雜誌第九十六期，載鄭僧一先生的一篇文章，題名是〈觀音——半個亞洲的崇拜對象〉，的確是很恰當地點出，觀世音菩薩在亞洲被普遍崇拜信仰的情形。

但是，這種信仰的普及性，在各地宗教形態上，並非都是一致的。例如西藏是屬於密教觀音信仰特盛的地區，歷代達賴喇嘛都被視為觀音菩薩的化身。在中國則出現了「妙善傳說」，構成了中國庶民佛教的新信仰形態。而日本的觀音信仰，雖然是源自隋唐時期中國天台宗的《法華經》系統，但也結合了不少密教的成份，而成了日本特有的觀音信仰形態。

事實上，這種觀音信仰形態的地區性差異，正如其他宗教信仰所出現各種不同的派別和形態一樣，都是相應於不同的社會文化背景，而必須做的新宗教詮釋和新形態的塑造。這在宗教社會學上，便將其視為「世俗化」的發展，

亦即從「神聖化」的形態中，逐漸「通俗化」了。

二、中國兩種觀音信仰的區別與爭論

不過，在這篇文章裏，我所要說明的重點，是放在中國地區，包括臺灣在內，兩種觀音信仰形態之變遷，到底經由何種轉換的過程才出現的？以及其在佛教文學上的社會功能，又是什麼？

因為我發現，觀音信仰，雖然在中國地區很普遍，可是卻在信仰形態上，出現差異性極大的兩個系統。此即以《法華經·普門品》為主，和以「妙善傳說」為主的兩大信仰模式。而一般信徒，往往不明白兩者的不同在何處。

當然，在臺灣，由於佛教教育的水準提高，多數出家眾，已能很清楚地區別《法華經·普門品》的觀音信仰和「妙善傳說」的根據是不同的。可是，對於兩者在中國佛教史上具有何種關聯性？或經由何種轉變過程？則可能知道的人，不會太多，因而常有視後者為民俗信仰，並加以排斥的心態出現。

此種心態，連一些佛教史的專家也不例外。以彌勒出版社編的《觀世音菩薩聖德彙編》一書來說，「編者」在按語中，即提到要「袪除某些世俗的誤解」（原書頁三三）。並指出：「妙善傳說」是「道教徒之附會，並非佛書所說，與佛經所載之觀音菩薩本生故事，亦全然不同」（頁六○）。

但是，在我看來，類似這樣的區分和排斥，未免把宗教的信仰現象，看得太簡單了。因為「妙善傳說」，並非道

教徒的附會，恰恰相反，是中國佛教徒的傑作。而所以要創造這樣的「傳說」，一方面是宗教傳播上的需要，一方面也是相應於中國佛教信仰轉形期的社會意識型態，才出現這樣「世俗化」的佛教文學。

因此，我們有必要對此一「傳說」的形成，加以檢討。

三、追溯中國觀音信仰的變遷根源與社會背景

觀音信仰是由印度傳入中國的，這一點相信無人會否認。但是，它在中國的流傳和變遷，則涉及一些信仰根源和社會背景的問題。

讀者或許會好奇，什麼是觀音信仰的根源問題呢？它在觀音信仰的傳播上，到底有何作用呢？

其實在這裡，所謂「觀音信仰的根源性」，指的是「觀音信仰的原始類型及其宗教特質」。因為在中國發展的兩大觀音信仰形態，都直接或間接受此一「信仰根源性」的影響。所以在說明時，自須追溯這一點。

而在觀音信仰的流傳過程中，顯然也要面對如何適應各地不同社會文化背景的問題。

就觀音信仰在亞洲各地流傳的狀況來看，它的適應能力，可謂相當良好；但是就其所出現的各地不同形態來看，則顯然歷經了一「本土化」的轉變過程。

因此，我們應該接著再追問一個問題：何以它能如此？也就是說，我們從前述的流傳與變遷的情形，可以推

斷此一信仰本身，一定先具有了「可變遷的宗教發展特質」，否則它無法如此順利地融入當地的社會。可是什麼是它的「可變遷的宗教發展特質」呢？即成了整個謎底的答案所在。

而我們前面提到的種種問題，也可經由這一謎底的探討，來獲得所需的內容。

不過，在這裡必須先聲明的是：限於時間和篇幅，只能扼要的提示，而無法長篇大論，細說全部過程。而且，爲了尊重前輩的研究成果，在此處也須表明本文的解說，頗借重於速水侑編的《觀音信仰》(一九八五)、後藤大用的《觀世音菩薩之研究》(一九七六)，和杜德橋的《妙善傳說——觀音菩薩緣起考》(一九八九，中文版)。其他次要的，即省略不談。

這三本書，可以說是代表近十幾年來，關於觀音信仰研究的一個大總結。

但是，很令人奇怪的是，在日本學者方面，所謂「觀音信仰」，指的是《法華經・普門品》爲主流的信仰型態，雖然也涉及到密教的觀音信仰系統，卻未將「妙善傳說」列入「觀音信仰」的一系。

反之，杜德橋以英文寫的《妙善傳說》，則僅著眼在此一中國傳說的發展過程，及其蘊含的社會意識，至於如何和《法華經・普門品》的印度系統銜接，同樣也被忽略了，於是形成了一段學術的空白。本文的作用，即在銜接這兩者，並證明其相關性。

而根據目前所知的資料來看，觀音信仰在印度本土的流傳，即已相當複雜，並非到中國後，才產生各種變遷。

　　以下即先從兩個方面來說明其中的關聯與變遷。

㈠關於南海普陀山的問題

　　此一觀世音菩薩說法之處，究竟眞正指何處呢？過去在學者間，即有各種不同看法。

　　有的學者根據《普門品》提到「若有百千萬億眾生，爲求金銀、瑠璃、硨磲、瑪瑙、珊瑚、琥珀、眞珠等寶，入於大海，假使黑風吹其船舫，飄墮羅刹鬼國，其中若有乃至一人，稱名觀世音菩薩者，是諸人等，皆得解脫羅刹之難，以是因緣，名觀世音。」於是推測是印度濱海地帶，即東西兩大文明交會處的印度河下游之處。也有認爲「飄墮羅刹鬼國」，即是指印度南海的師子國（今斯里蘭卡）。因爲古代印度傳說有羅刹住於師子島一事。

　　由於古代航海術不發達，古印度人乘小船，沿海岸線航行到師子島及其他南海諸國，海上風雨的危險，他們最感恐懼，因此一心念觀音，祈求海上平安無事。

　　而普陀洛山，即南印度東海岸的山，巍峨聳立，是航海者最佳指標，且附近爲古代貿易港口，從此前往南海，即可到師子國。唐玄奘在《大唐西域記》裡，也清楚記載普陀洛山的當地狀況與觀音的關係。

　　照理說，此一地點，應該不會在中國浙江東海中的舟山羣島上。

但事實上，中國佛教徒久已視浙江東海中的普陀山觀音道場，爲南海觀音說法之處，與山西五台山的文殊道場、四川峨嵋山的普賢道場，和安徽九華山的地藏道場，並稱爲中國佛教的四大名山聖地。

爲什麼會有這一轉化呢？

通常到過普陀山朝拜，或讀過《普陀山志》的人，都知道浙江普陀山觀音道場的興起，和日本僧人慧鍔的傳奇故事有關。

中國五代後梁貞明二年（九一六），慧鍔從五台山得觀音像，將還本國。船出浙東海面，到舟山羣島附近，觸及新螺礁，不能動彈。慧鍔禱告說：「假如注定此佛像無法携回日本本土，則願就船所飄流處，建立寺院。」禱後不久，船移動了，一直漂至潮音洞下停住了。

當時居住島上的居民張氏，看到這一靈異的現象，將住宅捐出，作爲供奉觀音像的庵堂，稱之爲「不肯去觀音院」。以後即以此因緣，逐漸發展爲全島處處皆寺宇的著名觀音道場。

可是，觀音的信仰在後梁之前，早已傳播到中國各地，爲什麼獨獨普陀山被視爲正統的觀音道場呢？

其實，普陀山的中國化，就經典的依據來說，是唐代新譯的八十卷《華嚴經》，其中卷六十八〈入法界品〉提到：「於此南方，有山名補怛洛迦，彼有菩薩，名觀自在。」又敍述島上的情形說：「海上有山多聖賢，衆寶所成極清淨，華果樹林皆徧滿，泉流池沼悉具足，勇猛丈夫觀自在，

為利眾生住此山。」

從這些地理的特徵來看，雖然原指印度南方的補怛洛迦；但《華嚴經》裡，也曾有指中國地名為經文中菩薩所居的說法之地，如〈菩薩住處品〉提到：「真旦國土，有菩薩住處，名那羅延山，過去諸菩薩常於中住。」此那羅延山，或指山西五台山，或指山東牢山。

總之，《華嚴經》的地名，往往出現印度本土之外。而一旦在中國有五台山的文殊道場出現時，南海普陀山何嘗不能基於同樣的理由，以類似的地理環境，取代印度南海的補怛洛迦山？

實際上，中國的四大佛教聖地，除九華山的地藏菩薩，是源自《地藏菩薩本願經》結合新羅王子的故事之外，其餘峨嵋、五台山、普陀這三處，皆是和《華嚴經》的典據有關。這絕非巧合，而是相應於新佛教信仰在中國的發展，不得不尋求「本地垂跡」的轉化結果。

而「妙善傳說」的觀音信仰，雖然出自中國河南汝州縣，但「妙善公主」成道為「觀音菩薩」，其歸宿地，即在南海普陀山，使兩者在信仰上重疊起來。這是就地理的特性，首先可以釐清的一點。

㈡關於觀音信仰「可變遷的宗教發展特質」所涉及的「現實切近性」和「化身自由性」的結合問題

我們一般理解的觀音信仰，是屬於一種「他力救濟」的信仰。此即《法華經・普門品》所強調的：「若有無量

百千萬億衆生，受諸苦惱，聞是觀世音菩薩，一心稱名，觀世音菩薩即時觀其音聲，皆得解脫。……」

換言之，在《普門品》中所宣說的觀世音菩薩法門，是「稱名得救」之類，只要衆生遇苦難或煩惱時，有禱稱「觀世音菩薩」之名，即能獲得觀世音菩薩的尋聲救度。而且觀世音菩薩爲衆生說法時，極「方便之力」的能事，應以何身得度者，祂即現何身而爲說法。

這一「化身」是沒有任何拘束的，不論佛陀、緣覺、聲聞、梵王、自在天、大將軍、毗沙門、小王、長者、居士、宰官、婆羅門、比丘、比丘尼、優婆塞、優婆夷、婦女、童男、童女、天龍、夜叉、乾闥婆、阿修羅、迦樓羅、摩睺羅伽、非人、執金剛神等，「以種種形，遊諸國土，度脫衆生」。

所以就此一自由變化身來說，亦已足以破除任何人種和形貌的限制。

這樣的信仰理論，可以說具有了宗教發展上的最大空間，能提供不同社會文化背景下所需的信仰模式，其差異性將可迅速消除，而達到徹底「本地化」的融合效果。

因此觀音信仰的前題，只是至誠信仰，稱頌其聖名即可。至於文化上的差異或種族身份的不同，則在所不計。就此而言，宗教上的普遍性格，再也沒有超出這種模式了。

問題是：《法華經・普門品》觀音信仰，既已如此能適應各方的需要，何以又會出現「妙善傳說」呢？顯然這還涉及了其他的問題。

四、中國觀音信仰的文獻學考察——經典與靈異錄

在前節的說明裡，我們曾分別就信仰聖地的中國化，以及觀音信仰的「可變遷的宗教發展特質問題」，提出一些學理上的分析。但就兩大觀音信仰系統的聯結問題，要較深入而具體理解的話，上述說明，仍嫌太理論化，不易有極強大的說服力。

實際上，環繞在兩大觀音信仰的周邊，仍存在著無數歷來所謂觀音信仰的靈異事跡問題。這是長久以來，激發中國社會各階層民眾信仰觀音的最大原動力，而且各種靈異的紀錄，更突破了法相繁難、哲理深奧的藩籬，而使信仰的例證和時效性的說明，有了具體的著落。

這一可在現實中靈異感應的奇蹟或奇蹟的紀錄，一方面促成中國信仰觀音者，深信原先印度傳來的經典內容，具有高度的可靠性；另一方面，即在本身或他人的經驗中，不斷強化和轉化了觀音信仰的各種類型。

因此，假如我們透過一些文獻資料的考察，即可發現所謂「妙善傳說」的觀音信仰，和《法華經‧普門品》的經文內容之間，具有一種信仰意識形態的同質性。

以下即再進一步分別舉例說明：

㈠**《法華經‧普門品》的翻譯與流傳**——這是影響中國民眾深信觀音的主要典據。

但是，就其翻譯和流傳的過程來看，也是結合了相當多的學者傳播，和個人信仰靈驗的證據提出，而後才開始盛行的。

　　根據日本前輩、佛教史權威學者松本文三郎氏的看法，觀音信仰的起源，主要在《法華經》的翻譯之後。根據他的研究，認為在東漢或三國時代的譯經中，並沒有出現觀音的名號。但是，在判斷的文獻證據上，存在著一些困難。

　　因為目前所知的《觀世音菩薩普門品》，是姚秦弘始八年（四○六），由鳩摩羅什新譯《妙法蓮華經》中的第二十五品，在此之前，中國已經六譯過《法華經》，其中最早的三種久已缺失，它們分別是——

　　A、吳・支謙譯《佛以三車喚經》一卷（二二二～二三五）。

　　B、曹魏・支彊良接譯《法華三昧經》六卷（二五六）。

　　C、西晉・竺法護譯《薩芸芬陀利經》六卷（二六五）。

　　我們能據以判斷的現存可靠文獻資料，最早的，只能是西晉太康七年（二七六），竺法護再譯的《正法華經》十卷二十六品。因而可以保守地說，觀音信仰最遲是在《正法華經》譯出時，傳入中國。

　　可是，當時由於佛教輸入中國，為時尚短，且上流社會士大夫之間，有興趣的是和「老、莊」思想接近的般若系經典，對《法華經》幾乎沒有人用心去研究，故庶民間也未跟著篤信起來。

此外，後藤大用指出，《法華經》和《普門品》，並非同時成立的，《普門品》在印度成立的年代，比《法華經》更早出現。但是，近代在尼泊爾發現的梵文原典，也不能解決這個年代問題。

松本文三郎氏則從東晉法顯的記載指出，法顯到印度時，發現在西北印度和中印度之間的秣菟羅地方，有大乘人供養「般若波羅蜜、文殊師利、觀世音等」。而根據玄奘在《大唐西域記》記載印度各地都供養觀音像的情形，再追溯大乘佛教在西北印度流傳的狀況推斷，大約在西元三百年後，觀音信仰已盛行全印度了。

而且在西元五百年左右，有弘揚般若系思想的清辨論師在觀自在菩薩像前誦咒語，祈願三年，觀自在菩薩現身，為彼解疑難；以及此後印度的觀音造像，或女性的多羅雕像，常被發現。因此，可以推定由印度掀起的觀音信仰熱潮，挾雜著各種印度佛教思想的成份，正不斷地傳播到印度本土以外，像中國地區來。

按現存的經、律、論三藏來看，單是以觀音信仰為中心的，即有八十多種；附帶提及的，尚不計在內。尤其密教的經論，更是充斥著觀音信仰的經卷。由於有這樣的信仰根源，中國本土的觀音信仰，也同樣經過般若思想的薰陶後，一方面促使《普門品》感應思想的流行，一方面也逐漸感染了密教信仰的成份——特別是變化身的靈異傳說和觀音造像的大量出現。

根據梁《高僧傳》的記載，中國人關於《法華經》的

研究，開始於東晉末年。據說寧康二年（三七四）去世的竺潛，即是一位曾將《法華經》和《大品般若》，連同「老、莊」一起講演的人。而晉太元五年（三八〇）去世的竺法義，則不但生前擅長《法華經》，生病時也時常念觀音。

同時，根據道世的《法苑珠林》卷十七記載，晉義熙四年（四〇八），郭宣之被捕入獄時，一心歸向觀音菩薩，直到有一晚將入睡時，忽見觀音菩薩的光明照耀獄中，他禮拜祈請，久久菩薩的影子才消失。不久，郭氏被釋放，他即按所見影像，造圖像供養於精舍。──這也是中國史上首次有造觀音像供養的記載。

像這種靈驗的信仰感應，是很容易在社會上迅速傳播的。何況當時正是講究宗教奇蹟的動亂時代，人們藉助宗教的靈異效驗來解決生活上的苦厄，原是很正常的心理仿效。所以類似的脫災脫難的感應事跡，便不斷地被傳出來。而觀音信仰的造像，也逐漸被大量製造和流布。

不過，鳩摩羅什的到中國來，以及他以佛理權威和生花妙筆譯出、並與弟子們共講《妙法蓮華經》後，研究《法華經》的風氣，更盛行起來。自此以後，中國不論南朝北朝，人人皆爭講《法華經》。其中北齊的慧文，經南岳的慧思，以至隋代的智顗，終於據本經而建立著名的「天台宗」。觀音信仰，亦隨之推波助瀾，更不在話下。

㈡《觀世音菩薩授記經》和《觀無量壽經》的譯布，及其和彌陀信仰的關係──這是涉及所謂「西方三聖」的

淨土信仰問題。

據日本最著名的淨土教的權威學者望月信亨指出：「崇拜觀世音菩薩，最初是獨立發生的，從某個時代與彌陀產生關係後，遂成為其後補位佛，與勢至同侍立於左右。」當然，望月氏這裡所指的，是印度方面的信仰形成狀況，而非流傳在中國的狀況。

因為在中國本土上，最先譯出《觀世音菩薩授記經》的，即是曾譯《正法華經》的竺法護，他在西晉惠帝元年（二九九），將這一記載觀音作為彌陀脇侍，以及說明觀音、勢至二菩薩的三世因緣，並指出彌陀滅後觀音成佛、觀音滅後勢至成佛的三尊相承關係之經典，翻譯出來，為原先的《普門品》信仰，添加了新的成份。

二經前後的翻譯，不過相差二十三年而已。由於兩者相當接近，在中國的佛教徒，很不容易理解，這二經原是兩種起初各自獨立信仰型態的結合。但是我們可以根據晉太康二年（二八一），慧遠撰的《三寶感通錄》裡，看出在《觀世音菩薩授記經》未譯出前，中國人所理解的觀音信仰，是《普門品》系統的，觀音既非脇侍，亦非補儲。

但是，在《觀世音菩薩授記經》譯出後，即出現與彌陀信仰結合的情形。等到劉宋元嘉七年（四三〇），畺良耶舍譯出《觀無量壽經》後，因經中第七觀提到：「無量壽佛住立空中，觀世音與大勢至兩大士左右侍立。」以及第十三觀中，又提到觀音及勢至二菩薩輔贊彌陀教化等事，更使三尊結構和淨土信仰的聯結，在中國社會中定型起

來。

　　問題是，《普門品》的觀音信仰，原是爲了現世利益，而非如彌陀信仰是爲死後或來世的救濟，兩者的信仰形態既然有別，如何又能密合呢？松本文三郎氏即指出六朝時期，民間的觀音信仰，尙「甚曖昧」，兩種信仰形態，皆可同時存在。例如造觀音像供養，可能是爲了祈求現世災厄的解脫，也可能是爲了能使亡者往生西方淨土。

　　因此，日後在中國出現了「家家觀世音，戶戶阿彌陀」的普及信仰狀況。亦即，兩者在信仰上有重疊，也有各自獨立的現象。

　　這種旣重疊又獨立的情形，也將使觀音的傳說和造像，隨之起變化。但是，由於我們的說明重點是在佛敎文學方面，所以關於西方淨土的部分，即省去不談。不過，我們可以指出，不論「西方三聖」的淨土信仰是如何的盛行，彌陀主「死後超渡」、觀音主「現世救濟」的信仰性格，依然是鮮明可見的。只是觀音的造像中，會多出彌陀的標記罷了。

㈢從「靈異感應錄」到「妙善傳說」的出現──這是就觀音本土化傳說，及其佛敎文學的關聯性，所必須解明的部分。

　　按照文獻資料來看的話，「妙善傳說」其實是「靈異感應錄」轉化出來的，然後再逐漸添加了文學的成份。

　　但是，讀者或許會問：其根據在那裡？因此底下我們

分兩方面來談。

A、關於「靈異感應錄」的資料問題

自從觀音信仰在中國本土興起後，伴隨此種信仰的流行，在中國本土也出現了《高王觀音經》和《觀世音菩薩救苦經》的製作。同時也出現了許多觀音信仰的「靈異感應錄」，例如晉朝時，謝敷撰《觀世音應驗傳》、南朝宋之劉義慶──《世說新語》的作者──撰《宣驗記》等。

塚本善隆在〈古逸六朝觀世音應驗記之出現〉一文中，還介紹了京都青蓮院藏的，齊之陸杲撰的〈繫觀世音靈驗記〉，以及劉宋之張演撰《續觀世音應驗記》。像這樣的記載，可以說歷代都有。

佐伯富在其〈中國近世觀音信仰〉一文中，更廣集了諸如《太平廣記》、《能改齋漫錄》、《佛祖統記》、《清稗類鈔》、《夷堅志》、《水東日記》等有關觀音信仰靈驗與傳說的資料。

光復以來，煮雲法師以南海普陀山道場為核心，集了甚多觀音信仰的傳奇。相信其他的類似資料也不少。

但是，在這些靈驗記當中，會產生觀音造像的變遷記載，以及相應於造像變遷的信仰傳說。這可從唐代以後，中國出現許多觀音的形像和命名看出。

例如有所謂：楊柳觀音、龍頭觀音、持經觀音、遊戲觀音、蓮臥觀音、瀧見觀音、施藥觀音、德王觀音、水月觀音、一葉觀音、威德觀音、延命觀音、岩戶觀音、蛤蜊

觀音、馬郎觀音、合掌觀音、持蓮觀音、灑水觀音等，基於三十三身說所成立的各種造型與傳說。

同時，連一些植物和器具也用觀音命名，如：觀音菊、觀音蓮、觀音柳、觀音草、觀音竹、觀音尊、觀音籐、觀音面、觀音筥、觀音燭、觀音泉等。這些命名，或基於和某一觀音造像的某些類同性，或與觀音靈驗現身時的地、物、器等情境有關，故被取名。

而例如桃園縣觀音鄉的行政匾名，亦因觀音信仰的緣故而命名。──這些可以視爲「靈異感應錄」思想和信仰的引伸。

這許多出現在中國的觀音形像和命名，由於薰染中國本土傳說的色彩，在日本和西藏的觀音信仰系統裡，便未被納入，而只形成中國庶民觀音信仰文化的一部分。

但是，假如我們從《普門品》所敍述的自由變化身，以及其即時救度的信仰理論來看，則在中國地區，出現相應於中國人信仰心靈的觀音造型與傳說，毋寧是極爲自然和合理的。問題點只是在於這和「妙善傳說」有何關聯而已！

B、「妙善傳說」的來源及其發展的問題

根據杜德橋(Glen Dudbridge)的研究，「妙善傳說」的流傳，和北宋的一位翰林學士蔣之奇（一○三一～一一○四）撰的〈大悲菩薩傳〉碑刻文有關。

蔣之奇是在北宋元符二年（一○九九年底），被貶出守

汝州（今河南臨汝縣附近）。他在汝州其實只住一個月，即徙慶州。但是，他在這一個月中，曾到轄區內的一座香山寺一遊，結果在寺中接受住持懷晝殷勤款待後，還聽住持講了一段關於《香山大悲菩薩傳》的來歷野史，以及最後讀了《傳》的內容。

據懷晝告訴他說，這是一個來自終南山的無名比丘帶來的；而這位無名比丘又自道是得自南山感應寺古屋經堆中，乃是唐南山道宣律師問天神所傳靈妙之語，敍菩薩應化之跡。由於無名比丘後來離奇失踪，故留下此書。

蔣之奇讀了內容後，發現其「語或俚俗」，但故事奇特入理，所以他「遂為綸次，刊滅俚辭」，並補寫了一段「贊」文，然後刻在石碑上，立於香山寺。這個碑是在西元一一○○年底左右刊刻的；其後不到四年，此碑文的內容又重刻於杭州的上天竺寺，並大半保留到現在。

而汝州《寶豐縣志》（撰於一七九九年），則錄有蔣之奇的「贊」。這些現存的資料，使我們得以理解「妙善傳說」是如何出現的。

蔣之奇的碑文，立刻掀起了當地觀音信仰的狂熱。

但是在將近半世紀後，朱弁於所著《曲洧舊聞》提到蔣氏的碑文內容，他批評說：蔣氏潤色為《傳》的故事，雖是取唐律師弟子義常所書天神言大悲之事，但與《華嚴經》所載觀音為「勇猛丈夫」的形像不符，且敍述香山大悲之妙善故事為生於王宮，以女子身顯化，和古德所譯之經傳內容不同。於是他斷言說：「浮屠氏喜誇大自神，蓋

不足怪，而潁叔（蔣之奇）爲粉飾之，欲以傳言後世，豈未之思耶？」

然而，能像朱弁這樣提出質疑的人，畢竟不多。大多數的信徒都相信無疑。塚本善隆曾猜測：設計像蔣之奇這樣的故事，就像任何跟菩薩扯得上關係的聖跡一樣，都可以使一座寺廟成爲一個重要的朝拜中心，並能帶來靈驗的名聲及經濟上的甚多好處。

事實上，杜德橋後來也從香山寺的另一碑刻的敍述上，看到了此一傳說設計的效果描述。因香山寺在十一世紀末有一連串的重新工程，其中一次是在一一八五年，也就是蔣之奇立碑之後的八五年，當時寺名已改爲「香山觀音禪院」。碑文中提到：自蔣之奇的碑《傳》流傳後，每年二月，各方不遠千里來敬禮大悲遺跡者，人數在萬人以上，一個月所捐的香火錢，足夠維持寺中一千多個僧人一年的生活費用；並可加蓋若干宏偉的新建築。

當蔣之奇的碑文，在三年多後重刻於杭州上天竺寺時，更立刻在全國傳播開來。

蔣之奇的碑文內容，就是後來「妙善傳說」的主要來源。

如果進一步分析蔣之奇所以能接受香山寺住持的說法，而願意改寫《香山大悲菩薩傳》的文辭，則又可發現尚有相關的條件配合：

a、是道宣本人，不但以能和天神世界溝通而知名，並且也編述過一本關於佛寺聖跡傳說的書。雖然其中全未提

及香山寺的大悲故事，但別人實可利用其特性而加以冒充。何況，就信仰的意義來說，兩者並無不同之處，都可歸之於靈異感應的一類。故蔣之奇在心理上可接受此一說法。

b、香山寺曾建一大悲塔，其中有所謂「大悲化身作塑像」，據說和唐大中年間（八四七～八五九），范瓊所畫的二十六臂觀音像，「意韻相若」。這顯然是密教千手千眼觀音的崇拜系統之延伸。

因此造天神之語說「大悲」的化身傳奇，就如佛陀的「本生談」一樣，沒有什麼不可以。只是寺僧文學素養不夠，故只能編故事而已；文辭的潤色，當然只好求之於像蔣之奇這樣的文學家了。

所以，基本上我們論斷「妙善傳說」，是「靈異感應錄」的信仰引伸，應無疑義才對。

而《普門品》的信仰意識形態，也藉此和「妙善傳說」串連起來。

五、結語

《普門品》和「妙善傳說」的聯結，雖已如上所述，但其中尚有其他類似的信仰例子，如彌勒形像的轉化，或文殊菩薩與地藏菩薩的化身問題，實可一併討論。但因篇幅有限，無法在此一一比較，當待於另篇論文〈觀音信仰的變遷〉裡，一併交代。

又記得台南妙心寺傳道法師說過，曾有人想為他宣

揚，說他有神通、能放光。他說，只要默認，即可財源滾滾而來。但他毅然拒絕了，理由是不能自欺欺人。我對他此舉，無限感佩！並希望搞神通者，能向傳道法師學習才是。

佛教文學對論

——江燦騰 VS. 丁敏

時間：一九九〇年十月六日

地點：古董咖啡屋

一、關於佛教文學的特質及其社會功能

　　江燦騰　很高興能和丁博士見面。對於佛教文學，我只是有興趣，但不專精；所以很希望藉此對談的機會，向丁博士請教。

　　就我個人的看法，我認為「佛教文學」，基本上是作為佛教與社會溝通的工具。因為在宗教社會學中，認為宗教通常都具有二個層面：

　　第一是要保持宗教的獨特性和純粹性。此即一個宗教自認本身優於其他宗教的地方。例如基督教自認不同於猶太教，佛教自認相異於婆羅門教，儒家亦不認為本身類同道教等。如此一來，對其信徒或宗教師而言，都必須盡力保持本身宗教信仰的神聖面。

　　當然，這種心態的形成，可能基於迷信的獨斷性，也可能是基於深刻宗教哲理的說服，但不論哪一種，對宗教的信仰存在，都有其必要。因為唯有如此，才能區分每個

宗教的不同；信徒信仰的歸屬感，也才不致混淆和迷惑。我將此一特質，稱之爲宗教的神聖性或根源性。

第二是宗教要與社會溝通，即必須讓大衆了解，此即宗教通俗化的一面。因爲宗教的神聖性或根源性，在面臨社會溝通時，假如不能借助譬喻或較明白曉暢的講述，來傳達本身的宗教理念時，不但社會大衆難以接納，甚至連本身是否能長久存在，都成問題。

何以這麼說呢？因爲一個宗教的能否存在，必仰賴社會資源的能否不斷地補充，而一旦社會無法理解或接納時，則必將招致外力的排斥，乃至資源的斷絕。如此一來，此一宗教的衰微或消逝，則幾乎是可以預期的。

因此，我把佛教團體，視爲社會體制的一部分，同時把佛教的譬喻文學，當作佛教世俗化過程中，與社會溝通必不可少的工具。例如佛教的地獄說，以及「目蓮救母」的寶卷思想，對中國人的民間信仰，是有很深刻影響的。而丁博士在碩士論文也討論過這些，請問丁博士你研究的動機何在呢？

丁敏　我研究的動機，並無特殊之處。我是上碩士班後，才開始接觸佛教的東西。當時曾看到羅宗濤教授寫的關於「敦煌變文」的研究，其中提到一句話說：關於佛教地獄方面的題材，有很多東西可以作，於是便去研究。我從小乘經典的說法，談到大乘經典的說法，最後一章，則討論佛家地獄說在中國小說裡的變形。碩士論文，就是這

樣寫成的。

　　總結來說，我認爲佛教的地獄說，在大乘經典中是屬於唯心所造的，地獄內的種種罪行和描述，都是對人性負面的象徵描寫，這應是從道德的角度來看的成份居多。

　　江燦騰　從碩士時期的地獄說研究，到博士時期佛教譬喻文學研究的提出，你個人在心境上，有了哪些改變？或曾否受了哪些的影響？

　　丁敏　因爲我是讀中文系的，所以在研究動機上，自然趨向和文學有關的題材。在決定博士論文的題目時，我想到：譬喻和寓言有關，而寓言深具文學性，所以我開始研讀經典，並選擇這一主題——「佛敎譬喻文學」。

　　江燦騰　但你後來在論文中，爲什麼會將其和六朝的文學，例如《世說新語》作比較呢？

　　丁敏　我在論文中，其實是作語言學上的比較，而非內容的比較。在佛敎裡，有很多譬喻經典，像《雜譬喻經》等書的時代，很難確定。所以，我就從經文上的口語求線索，希望能夠考證出這些經書譯著的時代。

　　江燦騰　當你研究過佛教的譬喻文學後，你覺得它對佛教信仰的傳播上，有甚麼作用嗎？

　　丁敏　我也認爲譬喻文學所擔任的，是溝通者的角色，像一座橋樑。因爲有些經文的義理很艱澀；非靠譬喻，實難以理解。

　　佛陀自己也常說：「我今當說譬，智者以譬喻得解。」

而當門徒無法了解佛陀的道理時，也希望佛說一個譬喻，所以我認為那是一種溝通的工具。

但是在世俗的流傳中，它似乎並不被一些佛教學者看重，只認為那是一種通俗的教化、充滿了迷信。對於這樣的看法，我不以為然，反而覺得是：「譬喻文學賦予了佛教信仰，或佛教義理，一些血脈和肉體，讓更多的人容易去感觸它、了解它。」

以我為例，便常為經典中的小故事而感動。

例如當釋迦牟尼在燃燈佛的時代，全城都沒有花，他碰到一位少女，那位少女說：「如果你賣花給我，我便嫁你為妻。」結果，他答應了。後來燃燈佛允諾釋迦成佛。

我認為：那少女對釋迦的堅貞，就像釋迦對燃燈佛的不渝信仰。所以那少女對釋迦奉獻的精神，其實是一種高貴的宗教情操。

江燦騰　也許從你的角度來看是這樣的。但是我想到的，卻是另一個角度的觀點。

眾所皆知，馬鳴的〈佛所行讚〉，是以詩歌來讚敘佛陀的一生，其文筆的優美感人，在梵文學史上，是數一數二的名作。

其中有一段提到佛陀出家後，他的太太耶輸陀羅責罵他部下車匿的話。她以一種潑辣的口吻，抱怨說：「我親愛的丈夫在何處？你帶著他騎白馬出去，卻只跟馬回來，使我的丈夫不歸！使我的家庭毀滅！你這個惡友！」

又在劉宋・寶雲譯的另一部《佛本行經》，也提到佛陀的太太在夢中遊森林，因找不到丈夫而十分徬徨。她對著樹木和鳥獸，著急地詢問：「我親愛的丈夫，到哪兒去了？」

我在這樣真摯的情感後面，發覺到家庭的夫妻，要如何相處的問題。這對我們凡夫俗子，真是一個難題。

丁敏　那也是我看經典時，所遇到的一個未解的問題。甚至在現代，有很多太太，在先生出家後，帶著兒女到他面前，質問他為何拋下妻兒，但他往往視若無睹，妻兒只得黯然離去。這對未出家的人來說，實在是很傷感的問題。

江燦騰　當然，佛教的出家，有其偉大的哲理作基礎，具有極深刻的人生意義在。我們的看法，是俗人的看法罷了。但，就佛教文學中的某些故事來看，它仍具有一些社會問題的存在，這是無可否認的。

不過，話說回來，我同意你先前的一些觀點。

我認為真摯的感情，雖然有時帶來強烈的痛苦，但同時也讓人對事物的感受比較深刻。例如一個行為放蕩的人，一旦知道悔改，往往能成為一個在道德上比常人有更高要求的人。亦即，當一個人不會執著於感情的話，同樣地，對真理的追求，也可能很散漫。蓮花長於污泥的象徵意義，大概也是如此吧？

二、關於「佛教文學」的過去與現在

丁敏　我覺得「佛教文學」涵蓋的範圍，非常的廣泛。

江燦騰　對。而且，所謂「佛教文學」一詞，嚴格來說，是現代人以西洋文學的角度來看的，和傳統的那種文學觀，是有很大的不同。

丁敏　我想，「佛教文學」就是在經典中，帶有文學色彩的典籍。其實它本來就無法脫離文學。因為在佛教中，有些義理的內在奧義，已經超出語言、文字的實際描寫範圍，所以常要借重於象徵和譬喻，才能讓人容易理解，這便是文學的手法。

例如當佛陀要講較深奧的問題時，他常用「虛空」或「天」來比喻。

江燦騰　另外一個有名的譬喻例子，就是「金子」，佛經中，常以「金子」來象徵人的「佛性」的純粹性。

而在《妙法蓮華經》中，關於「火宅」的比喻，也是極優美的文學。如描寫起火時：「於後舍宅，忽然火起，四面一時，其炎俱熾。棟樑椽柱，爆聲震裂，摧折墮落，牆壁崩倒，諸鬼神等，揚聲大叫。雕鷲諸鳥，鳩槃荼等，周章惶怖，不能自出。惡獸毒蟲，藏竄孔穴。」這樣逼真的起火景象，絲毫不遜於胡金銓的電影中所出現者，真是令人嘆為觀止！

不過，對於當代的作家所寫的「佛教文學」，你有什麼

看法？或大概可分爲幾類？

　　丁敏　我所知道的，大致有：

　　1.散文：如林清玄、簡媜等人。他們是屬於純文學的創作，他們把對佛法的感受，放在生活的體驗中而寫出來的小品。

　　2.新詩：像周夢蝶、夐虹等人。

　　3.傳記：則有星雲大師、陳慧劍等。

　　此外，還有戲劇、兒童故事創作和小說等。

　　江燦騰　據我所知，現代的「佛教文學」中，似乎很少以小說或長篇詩歌的形態出現，不知你有何看法？

　　丁敏　中國詩多以抒情爲主，少有長篇的敍事詩。也因此不習慣以之用來創作佛教的題材。而中國現代小說中，也一直缺乏佛教小說的創作傳統。但在日本，如芥川龍之介的《地獄變》，或三島由紀夫的《金閣寺》，都是很值得一讀的佛教小說。我想，佛陀的傳記應是一個好題材，我希望有人好好地寫一本高水準的《釋迦牟尼傳》。

　　江燦騰　其實關於佛陀的傳記，在外文著作中，不乏傑出的作品。例如最近我讀到日本學者金岡秀友所撰的《釋迦牟尼的生與死》，就很令人感動。

　　例如他在提到釋尊出家的近因時，曾引《南傳大藏經》卷二十八，關於釋尊在宮中，午夜醒來，卻發現不久前，還在晚宴中歡舞的衆多美女，如今倒臥在臥榻上，居然在睡中流口水、咬牙齒、打鼾聲、張口、說夢話，或衣服敝

開，姿態不雅等，令他對女人的醜陋本性，產生極大的厭惡，而更堅定了他出家的決心。

雖然這段經文的描寫，意在提醒人們，對美色變化無常，應有覺悟，不可迷戀，必須一心向道。但是，對我們現代人來說，卻是另一種意義：它提示了男女親密相處時，應注意勿暴露自己的不雅睡相，以免令對方起厭惡之心。而這樣的描寫，在我看來，較之《佛本行集經》中的描寫方式，更能令人信服。因後者加入了神通的作用，即變得不可信。

另外，金岡秀友在同書中，也提到釋迦族，因族中甚多美男子和美婦人，而感到自負。當鄰邦的王子前來求婚時，他們卻以假冒的公主許配，其後又暗中嘲笑對方娶了冒牌貨，結果引來了滅族、滅國之禍。因鄰邦的王子即位後，率大軍復仇雪辱，這是釋尊晚年親見之殘酷事實。像這樣生動且深具警誡意味的佛陀傳記，我們是不是有更寬大的胸襟來接納它呢？或我們也來探討它呢？

像這樣的題材，以我們這種非出家，且受過高等教育的現代知識分子而言，不知你有何看法？

丁敏　這些描寫，我也讀到了，我覺得都非常的真實。這其中有生活的現實材料在內，乃是不可否認的事實。

而且，當我在研究時，我也讀到經典中記載：當釋尊出外教化時，常受到大財主的供養，錦衣玉食；而跟在他們車隊後的，卻是大批的乞丐，在乞食他們所吃剩的食物。

我想：在荒年時，出家人尚享受到如此奢華的接待，對比其他飢餓民眾的處境，這實在是個嚴重但真實的社會問題，我也很希望有人將其寫入傳記內。

江燦騰　但談這樣的「佛教文學」時，顯然將引起很多的爭議。因各人信仰的角度不同，難免各憑好惡，而爭論不休。

我想，這是很多人，把自己對佛教的信仰「神聖化」，怕因此而褻瀆了佛教。我記得印順法師在他的書裡，曾提到一個牧牛女賣牛奶時，為了使份量變多，便摻了水在內；而別的人，也依樣摻水再賣出，以致失去了原味。他的意思，顯然在提醒我們：佛法加上了譬喻，便像摻了水的牛奶，會使原味盡失，結果真正的「佛法」，最後反而看不到了。

丁敏　可是當我們要把佛經的故事「新瓶裝舊酒」時，我寧可希望其中的「佛法」是隱而不顯的。因許多佛教的故事，在我看來，宗教性的教訓意味，實在是太強烈了。像《百喻經》裡的許多故事，前面的故事部分，是很好的；但因結尾有太露骨的訓示，在現代人看來，便不算是真正傑出的作品。

我希望經過改寫的佛經故事，儘量避免用過於艱澀的佛家術語，轉而以平易、生動的語言，使大家容易接受。

江燦騰　這種說法是不錯的。像印順法師所編的佛教小學課本，便以淺顯的故事，揭示高深的義理。我女兒即

讀得津津有味。反而，一些扳起臉孔的訓示，不見得能為現代人所接受。……

三、中國古典小說與佛教文學

丁敏　江老師對中國古典小說中的佛教題材，不知有何看法？

江燦騰　中國古典小說中，像大家熟悉的《西遊記》、《水滸傳》、《金瓶梅》、《紅樓夢》等，都採用了相當多的佛教素材，這是讀過的人，都可以感受得到的。

而這些書中所詮釋的佛教人生觀，不但反映了中國近世庶民社會的信仰與生活內涵，同時也深刻影響了此後數百年來的民間文學及意識形態。雖然從今日嚴格的佛學角度來看，會覺得書中所談的，不外一些粗淺的因果觀，甚至有不少迷信，但因切近中國傳統社會的生活經驗和思惟習慣，故它的感染力極強，歷數百年而不衰！

並且此類作品，如有新的鑑賞眼光，顯然可以有較不同的評價方式。例如已故的張曼濤對《金瓶梅》的看法，就非常新穎。通常一般讀者，讀《金瓶梅》時，往往是著眼在書中男女情慾的放縱描寫，所尋求的只是感官上的刺激和滿足。但張曼濤指出，《金瓶梅》中的肉慾描寫，所反映的是一種腐敗、靡爛的生活現實，書中放縱情慾的男女主角，都遭到悲慘的下場，全書所詮釋的，即是佛教「無常觀」為基調的深刻人生反省。故他認為《金瓶梅》可視

為一本傑出的佛教文學作品。

不過，這樣的前進觀點，可能非一般正統的佛教徒所能同意。丁博士，你是一個非常虔誠的佛教徒，不知你的觀點如何？

丁敏　我想，信仰是個人的；而作學術研究時，則應當保持客觀，並參酌當時的社會情形來判斷，不能讓信仰左右研究；學術研究要獨立才行。

江燦騰　我最近在清華大學中文研究所所長陳萬益博士的藏書櫃中，發現他收集了相當多大陸學者寫的《紅樓夢》研究的著作，其中有一本，即是討論《紅樓夢》裡的佛教思想。而我也是研究明清佛教思想史的人，我讀了之後，覺得大陸這方面的看法，只是新嘗試，但不深刻。因此，我想在此也談一點關於《紅樓夢》的佛教思想，及其部份人物，如妙玉的處境。

《紅樓夢》一書所表達的富貴無常的人生觀，和佛教的「無常觀」關係密切，自不待言。

《紅樓夢》中，有一個「風月寶鏡」，在鏡中顯現的，有一面是美麗的容貌；另一面則是恐怖的骷髏。這種表現法，誠然是一種文學的象徵，表示人間的美貌和青春，其實是緊鄰著死亡和毀滅。

這種強烈的對照，在佛教早期禪法中的「不淨觀」和「白骨觀」裡，也可以發現。但我認為在感受上，仍以「風月寶鏡」的映像，更具深刻的象徵意義。甚至，你可以說，

人的善惡，也在此一念之間，可以轉化，或昇華，或墮落，可謂意蘊極為豐富。

丁敏　那麼你對妙玉的角色，又是如何看待的？

江燦騰　妙玉在《紅樓夢》裡，被作者描寫為是個有潔癖、容貌姣好的出家人；但最後卻被惡徒劫持，不知去向。我對這個角色頗感興趣，並且有一些個人的看法。

首先，我認為妙玉這個角色，有幾個特徵，例如她是一個出家人，但卻從未正式拒絕接待寶玉，甚至可以說有點喜歡他。其次，她是一個多才多藝的美女，頗為孤芳自賞，卻能允許寶玉這樣多情男人，接近她。或許，在本質上，這只是生活在大觀園中所無法避免的社交活動，但也不能排除妙玉在孤傲的心靈中，仍需寶玉的友誼滋潤。無論如何，妙玉在書中，就這一點而論，是符合人性的發展，故非絕對的不食人間煙火之清修者。

但，妙玉在作者的安排之下，最後的結局，卻是遭強盜擄走。這在文學的表達技巧上，是屬於一種「反諷」的手法。亦即，像妙玉這樣自認本身是最美好的，最純潔的，原沾不得一點污穢的，卻無法解決自己的困境。

顯然地，她的自信缺乏自主性，她無法抗拒外在更大的破壞力，故一個意想不到的搶劫，即打破了她原來固守的孤芳自賞的生活形態，逼她去面對一個難以預料的未來。所以我認為妙玉所代表的，是主觀信仰和生活環境的互相衝突。

丁敏　強盜的出現，所代表的，即是一種毀滅的無明力量。

江燦騰　就世俗喜歡「大團圓」的習慣來看，這樣的文學表現，未免有點「焚琴煮鶴」之感。但是，以佛教的無常觀來看，器世間的一切事物，本來就是遷變無常的。一些美好的東西，往往帶來一些不必要的禍害，像天才遭忌等等。故妙玉的下場，雖然令人感傷，卻非不可理解。

丁敏　在當時的社會情況下，會不會有很多人出家的原因，是和妙玉相同的？

江燦騰　妙玉為何出家？我並不清楚。但是以她生活在大觀園的社會條件來看，倒是有一些可以討論的。

在清初的社會環境中，婦女的出家，依然是阻礙重重的。主要是來自經濟條件的缺乏，以及嚴苛禮教的道德約束。因此，在妙玉出家的時代，除了走帶髮修行的路外，一般婦女，是少有機會在經濟條件良好的寺院清修的，往往只能依賴一些私人提供的小庵堂，以作出家歸宿之處。

而這種小庵堂，因提供者的背景不同，在對待女性出家人方面，也態度不一。所以，在明清的社會中，女性出家人，經常會遭到外界的中傷和譭謗，即由於出家環境的缺乏經濟自主性，因而容易在討好施主的同時，也引來外界的猜疑。

以妙玉而論，顯然她是仰賴貴族的供養，才能生活在「大觀園」的優裕環境中，脫離了那裡，她的生活，可能

即是無根的，是泡沫。事實上，也因此，她無法拒絕一切應酬，她的潔癖及孤芳自賞，其實是在對抗極大的外界壓力之下，所僅能保守的一點自尊。她缺乏生活的完全自主性。

丁敏　因此她本身就是一個困境？

江燦騰　對！她的本身就是一個困境。她無法走出「大觀園」外的世界，她其實等於被囚禁了。

在我看來，「大觀園」中，最有生命力的，是劉姥姥。她的進、出「大觀園」，雖有攀緣的成份，但是，我們知道，她善於利用時機和環境，她懂得如何去討好別人，以及裝瘋賣傻，以滿足對方的優越感和惡作劇之心。她是能夠在困境中生存，是真正站在地面上的人。她代表了當時真正的生活，和實在的人情世故。

其實，對於另一富爭議性的戲劇「尼姑思凡」，我也是用這種宗教社會學的角度來理解。不知丁博士對此有何看法？

丁敏　就「尼姑思凡」這個戲劇的意識形態來說，我認為是符合人性的，其心理需求與變遷，極其自然。就算她是尼姑還俗，也非罪不可赦。以成佛之路來看，人本來就是不斷地輪迴歷劫，何況她還俗了，也不代表永不再回歸佛門。因此她的還俗，只是生命的一種曲折，並非很嚴重的事。

江燦騰　對，我也同意這一看法。

四、當代佛教文學的詮釋與檢討

丁敏　你對當代中國小說中的佛教詮釋，有何意見呢？

江燦騰　坦白說，我有相當長的一段時間，未深入接觸當代中國的小說作品了。我的經驗都是早期的閱讀印象，故所說的也只代表這些經驗的意見。

我讀到的當代中國小說中，以奚淞早期寫的《哪吒》，令我印象最深刻。哪吒原是佛教傳說中的人物，後來卻出現在《封神演義》裡，被道教化了。但奚淞在小說中所表達的深刻的生命反省，以及諸如「蓮花化身」的象徵描述，還是具有佛教的性格居多。所以我將其視之佛教文學詮釋的一種，並且是相當傑出的。

此外，我看王尚義的小說，曾讀到有一段他描寫男主角有解不開的苦惱，便去山裡的一間寺院請教一位比丘尼，結果一番人生道理開示之後，他即大徹大悟，不再煩惱。由於在我的人生經驗中，從未遭遇這樣的例子，就我個人言，我覺得這種描寫相當虛偽，它不但太教條化，而且缺乏說服力。

丁敏　至於我，應該算有碰過，那是階段性的。有時候內心有疑惑，去跟她談談，對方會給我一些啓示和引導。在那一刹那，心境豁然開朗，於是可以欣然地繼續走自己的路。

請問江老師，你的宗教經驗又是如何呢？

江燦騰　由於我的童年和青少年時期的宗教經驗，是相當複雜的，所以我不可能獻身於某一宗教的信仰生活。我對任何宗教都抱著同情的態度，但也不會無視於其宗教上的弱點。在這種心態之下，我雖然研究佛教史，對佛教的偉大之處，頗能欣賞和佩服，可是，我也同樣在基督教、回教、道教，乃至常被批評的一貫道的宗教行為裡，發覺其值得讚美之處。

所以那種以本身為最高標準而否定其他宗教優點的宗教獨斷心理，我是不會接納和欣賞的。

總之，我是對各種宗教都有廣泛同情的人。

丁敏　我參加過一個「心理潛能開發中心」的課程，它可以激發人的潛意識，回到人們受創的過去。一般人在那種場合，有時會因而鬼哭神號起來，十分可怕。在那裡會覺得《地藏經》所講的業海，真的存在。可能每個人，都有一個平常看不到的角落，像人間地獄。

江燦騰　這是從佛洛伊德的精神分析以來，即被心理學家重視的課題，但我寧可視為社會文化刺激下的結果。例如家庭中缺乏溫暖，在生活上諸多不如意，或在社會上感到疏離，而徬徨無依。這些長期累積的挫折感，一旦有機會發洩，自然就可能有一些失態的舉止出現。然而，就心理治療來說，沒有經過這樣的舒解，則效果將會打折扣。

丁敏　如果在佛教的信仰中，也能和西方的精神分

析，或心理學技巧結合，在道場上活用，爲信徒提供心理輔導，應是很好的。

不過，以此觀點來看當代佛敎文學，它應扮演什麼角色？

江燦騰　我覺得當代佛敎文學，在深層的宗敎心理方面，所反映的還相當不夠。

在俄國小說中，像杜斯妥也夫斯基的《罪與罰》和托爾斯泰的《復活》，都是極有宗敎心理內涵，且又成功的文學作品。而德國小說家赫塞的《流浪者之歌》，則是以佛敎爲題材的高水準作品。我覺得是極可效法的。

在台灣當代的佛敎藝術中，只有音樂方面的創作，較有成績；在文學方面，亦應多加努力才行。

丁敏　我也有同感。

江燦騰　今天謝謝丁博士的指敎。

丁敏　哪裡，你太客氣啦。

重視當代臺灣佛教文學的創作

　　佛教文學的創作，不但能傳播佛教的偉大哲理，也能使文學作品的內容，更豐富、更深刻。

　　正如世界其他偉大的宗教，皆有其偉大的宗教文學一樣，在佛教的流傳過程中，基於講經弘法的需要，以及佛教徒對於佛陀偉大宗教人格的懷念和禮讚，於是或借用印度本土的傳說，或依佛理而自運巧思創作，因而使佛教裡，也出現極其龐大數量的佛教文學作品。其中，尤以馬鳴的《佛所行讚》的成就最為傑出，堪稱為梵文學史上歷來最偉大的作品之一。

　　特別是大乘佛教興起後，經典中往往帶有極濃厚的文學成份，像《維摩詰經》、《法華經》、《阿彌陀經》等，都是為大眾所熟悉的，具代表性的例子。

　　而中國的佛教信仰，傳統上是以大乘佛教為主，故大量的大乘佛典翻譯，不但在思想上開拓了中國人更寬廣的人生觀，也使中國文學的創作，在此影響之下，更富想像力，和更富聲韻的變化。

　　事實上，從魏晉以來，中國文學即在各方面受益於佛

教文學的影響，像六朝時期沈約的精辨聲韻變化、劉勰的擅於文學批評，皆是得力於研讀佛典的創獲結果。其後，像唐代的講經「變文」、傳奇小說，宋代的「平話」、禪宗的「公案語錄」，以及元、明、清的戲劇和長篇小說等，可以說都直接、間接受到佛教文學的啓發和影響。我們很難想像，中國文學自兩漢以後，如果抽去了佛教的成份或影響，將會出現怎樣的大塊空白和不成篇章!?

　　既然佛教文學，對中國傳統文學有這樣大的影響，可見佛教文學的存在，是強化，而非削弱佛教徒對佛教的信仰。因為這種影響，是普遍地且持久地滲透到廣大民眾的生活中，故對其信仰意識型態的塑造，也就具有普遍、深遠的效果。

　　或許，對於近代一些專門講求佛教義理純粹性的佛教學者來說，上述的佛教文學影響，未免攙雜了太多迷信的成份，最後可能會導致信仰的神佛不分。因此，對佛教文學不免會有極強烈的排斥感。

　　但是，我們從另一面來看，傳統的佛教文學，所描述的，或所詮釋的通俗佛教思想，實是相應於當時的佛教信仰狀況。這是由於社會上常存在著眾多需要通俗信仰的庶民大眾，不論古今皆如此。一個弘法者，或佛教文學的創作者，是不能對此明顯地社會大眾的需要，視若無睹。

　　而既然社會大眾所能理解的佛法層次，不易有大幅度提高，佛教文學的反映或詮釋的佛教思想，當然也須如此遷就。所以，排斥佛教文學的義理專家，除非另有妙方以

解決這一溝通或教育上的困難，否則是不宜任意排斥的。

　　況且，隨著社會經濟的繁榮和教育水準的提高，社會大眾對佛教義理認識的層次，也在日漸提高之中。較之傳統社會，大多數民眾都是未受學校教育的文盲，在鑑賞文學的品味上，無疑更具有大幅提昇的潛在力。所以，當代的佛教文學創作，較之傳統的形式或內涵，應大不相同。

　　像日本近代文學家裏，芥川龍之介的短篇小說，以及三島由紀夫的長篇小說，都成功地採用了佛教題材，並賦予現代文學形式和深刻心理的內涵，而享譽日本文壇，歷久不衰。而德國小說家赫塞，更以佛陀的事跡為題材，創作出不朽的佛教小說《流浪者之歌》。可見佛教文學的創作，在近代並不缺乏成功的例子，以提供我們的參考。

　　當然，佛教文學創作，很多地方要仰賴創作者的佛教經驗和傑出的文學素養，必須兼有兩者，才較能成功。可是，如果大家對佛教文學的創作，能多予提倡，或多予贊助，或勤於撰寫，使其逐漸蔚為風氣，則佛教文學的熱潮，相信即可到來。屆時就不難有傑出的當代佛教文學出現了。

再論當代臺灣佛教文學的創作

在臺灣當代的文學作品，除了少數的散文、傳記和童話外，幾乎很少見到以佛教為題材，或詮釋佛教思想的文學創作。這到底是佛教題材已失去新鮮感？還是創作文學的人忽略了這一擁有無數素材和浩如大海的宗教思想領域？

其實，從傳統中國文學史來看，佛教文學對中國文學的影響之大、之深，真可以說，已到了抽去佛教文學的部分，將使魏晉以後的中國文學史難以成篇的地步。

這種說法，絕非誇大其詞，這只要看六朝文學的聲韻講究，唐代傳奇和變文的發展，以及宋代的平話和元、明、清的小說、戲曲，都直接間接從佛教的經藏中取材，即明白它已構成中國文學中不可或缺的血肉了。

事實上，中國歷代民眾在此佛教文學中所受的佛教思想薰陶，遠遠超過一些深奧博雅的佛學論著。假如忽略了廣大民眾在佛教文學影響下，逐漸形成其庶民佛教信仰形態這一事實，佛教思想在中國社會是否能長久存在？恐怕是有疑問的。

佛教文學，在早期佛教的「十二分教」中，是屬於「阿波陀那」（avadana），通常意譯爲「譬喻」、「出曜」或「解語」。其中以「譬喻」一詞，較爲國人所熟悉。而通常佛教文學所指的，也就是關於運用「譬喻」的一些題材及創作。

　　爲什麼「譬喻」的方式，能發揮巨大的影響力？主要是佛教的偉大哲理，在名相的理解上，因涉及的義理層次太過深奧，一般人索解爲難。因此，從佛陀時代，即須在講經弘法時，借助「譬喻」的方式，以各種人類生活經驗或自然界裡可用感官覺察到的熟悉事物來「類比」，而使聽講者，能因而恍悟佛敎義理的指涉爲何。

　　這一弘法上的效用，如以現代教育理論來看，也是沒有疑義的。因爲人類的學習過程中，運用圖像或具體事物，來輔助說明，較之純文字符號更爲容易。所以佛教的通俗教化，要解決面對大衆時，講解抽象觀念的困難，唯有使用「阿波陀那」的方式，才能發揮其傳播的巨大功效，其道理在此。

　　假如我們這一理解是不錯的話，那麼在今天的臺灣社會中，要發揮佛教的新影響力，使民衆對新時代的佛法──人間淨土的理念，能有更深一層的認識，則佛敎文學的提倡，在此時此地，尤其有必要。

　　或許強調佛法純粹性的人，會擔心佛教文學的盛行，將使義理的精確性降低，甚至有扭曲的可能。雖然此種見解，也不能說全無道理。問題是：什麼是佛法的純粹性？在佛教傳播史上，「阿波陀那」的運用及其廣大效力，可謂

人盡皆知，難道純正佛法不能因之而流傳嗎？

　　試看馬鳴的《佛所行讚》在佛教文學上的藝術成就，是何等的高？而其導引印度人民歸向佛教的感動力，是何等的大？它對佛法的傳播是功？是過？不難明白。

　　而且，我們也不認爲當代佛教文學的創作，仍要墨守成規。在面對不同於古代社會的時空背景下，相應於當代的社會文化特質及民衆生活的型態，佛教文學的創作，應有新的作法。例如在心理分析方面，或佛教理念的新詮釋方面，都可以有不同於過去傳統文學的風貌。

　　當然，我們也必須指出：佛教文學的創作，有賴於文學家的個人努力，其主觀意願和所具備的文學素養，都是獨特性的，難以勉強或苛求的。我們在此提倡，也只不過就其可能的趨勢，提出一些建言罷了。

　　相信在當代臺灣的佛教文學家中，也有像德國小說家赫塞那樣的人存在，另一本新的《流浪者之歌》，只要努力，也不是不可能出現。我們在此深深期待它的來臨！

第三輯　佛教思想與現代社會生活

論四聖諦對現代臺灣社會的生活意義

　　臺灣佛教界近幾年來，有兩個主要的傾向，值得注意：
⑴是人間佛教的理念大爲流行，⑵是提倡返歸原始佛教的
呼聲日益響亮。兩者之中，尤以前者人間佛教的思想詮釋，
呈現出強烈的社會關懷和理念的多元化。

　　但是，兩者在思想上，仍有密切的關聯性；原因之一，
就是受到當代佛學泰斗印順老法師的著作啓發——雖然他
並未特別強調要佛教返歸印度原始佛教的傳統；然而，他
對原始佛教聖典有傑出的探討，並進而影響了一些追隨者
的理念，則是無可否認的事實。

　　筆者在這篇短文中，所要討論的原始佛教四聖諦如何
和現代臺灣社會的生活相結合的問題，或多或少，也和臺
灣佛教界當前正在流行的這兩個風尚有關。不過，我不準
備再重提前述的思想內容問題，而想就個人所閱讀和理解
的一些關於四聖諦的根本佛教理念，提出簡潔的現代語言
詮釋。

　　何謂四聖諦？根據《雜阿含經》卷第十五的說法，即
苦聖諦、苦集聖諦、苦滅聖諦、苦滅道跡聖諦。一般的說

法，是用「苦」、「集」、「滅」、「道」四個字，來稱「四聖諦」，簡單是簡單了，但較之原經文處處冠以「苦」字形容詞，似乎意思沒那麼綿密和清楚。《雜阿含經》在原始佛教經典裡，是屬於內容比較早期，且保留較多原始佛教那種素樸的弘法形態，透過經文中一遍又一遍地扼要說明，使我們在二千五百多年後的今天讀起來，仍可以深刻地感受到佛陀當年對弟子說法時的親切口氣和極大的耐性：他一直不厭其煩地對求法者宣說「四聖諦」的正確道理，並再三鼓勵弟子們要努力實踐，以達到苦惱止息的理想目標──涅槃。

高楠順次郎在《佛教哲學要義》裡認為佛教所要達到的涅槃目標「意指一個完全自由的世界之揭露」。而他把四聖諦用現代語言翻譯為：⑴生活全由痛苦所組成。⑵這痛苦是有原因的。⑶這痛苦的原因可以消滅。⑷消滅這痛苦之因的方法是有的。前面兩點是對實際現況之了解；後兩點則是說明達到理想的途徑。其實，我們只要讀《雜阿含經》卷十五以前的各卷經文，便可以清楚地發現：四聖諦的真理，是接在十二緣起的道理之後講的。十二緣起，即：⑴無明、⑵行、⑶識、⑷名色、⑸六處、⑹觸、⑺受、⑻愛、⑼取、⑽有、⑾生、⑿老死。這十二緣起，是佛陀在菩提樹下透過深層的禪定思惟，和對生命本質正確的如實觀察後，所提出對苦惱如何產生的「流轉」說明。

佛陀說：「比丘們啊！什麼是緣起呢？比丘啊！緣無明而有行，緣行而有識，緣識而有名色，緣名色而有六處，

緣六處而有觸，緣觸而有受，緣受而有愛，緣愛而有取，緣取而有有；緣有而有生，緣生而有老死，愁悲苦憂惱生。如此，是為一切苦蘊之集起。」這是有關「緣起」部份。

既有「緣起」，相反的就是「緣滅」；或「流轉」的對稱，叫「還滅」。

因此，「無明滅故行滅，行滅故識滅，識滅故名色滅，……六處……觸……受……愛……。取……，有滅故生滅，生滅故老死、愁悲苦憂惱滅。如此，為一切苦蘊之滅。」

從引文所述，我們知道佛教的解脫觀，在十二緣起說的這一階段，還只是作了理論上正反兩流程的說明而已，進一步的歸納和實踐理論的提出，仍有賴四聖諦詮釋。佛陀曾有三次說明——即所謂「四諦三轉」——，第一次叫「示轉」，只說明：「此是苦，此是集，此是滅，此是道。」第二次叫「勸轉」，勸示：「此是苦，汝應知；此是集，汝應斷；此是滅，汝應證；此是道，汝應修。」第三次叫「證轉」，證示：「此是苦，我已知，不復更知；此是集，我已斷，不復更斷；此是滅，我已證，不復更證；此是道，我已修，不復更修。」佛陀亦曾對諸比丘提到：若能達成四聖諦的上述全部梵行，且純一清白，可稱為「上士」。這樣的梵行比丘，亦可名為「賢聖」，因為他已建立起「聖幢」——聖人的標幟。

既然佛陀對此種梵行持肯定態度，我們便可以藉《雜阿含經》卷十五、六的兩個譬喻，作一說明：(1)世間良醫治病，不能像如來這樣的大醫王，以四聖諦治療眾生的成

效那樣大。(2)如要登上四階道以進入殿堂，必須先登初階，而後經二、三、四階道才能進入；如不登初階，即開始登二、三、四階，那將「無有是處」──這是提醒我們要實踐四聖諦的話，首要的工夫，就是先去了解「苦聖諦」到底是怎麼回事？否則往後的工夫，可能全錯了，或做了白做。

　　為甚麼這兩個譬喻要強調工夫的順序和如來大醫王的療效呢？這其中實已涉及到佛教的教義特色及對解脫菩提道的抉擇。就大醫王的療效來說，它真正要說明的，是佛教解脫途徑，意在對於人類的根本苦惱作一徹底解決，故遠比世間只是讓病不再發作的良醫高明。而佛教的菩提道次第，在終極關懷上，就是如何證得無業力輪迴的自由與清淨。

　　可是，佛陀在宣說這些四聖諦的偉大療效之前，他是親身經過太子時期對生命痛苦現象的觀察，並因而割愛辭親到靈山經歷六年的艱苦求道生涯，仍不得解脫，最後才於菩提樹下恍然大悟生命痛苦之根源和徹底解決煩惱之道。他的求道生涯的起點，可以說是建立在對人生痛苦因何而起以及因何而滅這兩個大疑惑上。然而，在當時的印度，對這兩大問題起疑惑和試圖解答的，可以說比比皆是。在當時的印度婆羅門教，是以「梵」為宇宙第一因的泛神論，具有永恆、絕對、不變的屬性，而每一個則具有「阿特曼」（自我）。梵和阿特曼在本質上是被認為一致的。因此婆羅門教的修行理論，是在追求「梵我一如」的最高理

念。但佛陀卻從「緣起說」的原理，發現了萬事萬物變化的無常，只是一系列緣生、緣滅的互動現象罷了。故不變的「阿特曼」是不存在的；同樣的，「梵」也不可能有永恆不變的實體。因此解脫苦惱的有效方法，就是照萬物本來的變化真相去觀察它、了解它，而過去的錯誤認知——無明——也藉此可以轉變過來。因此，正確認知痛苦真相為四聖諦不可少的第一步功夫！

同理，在實踐四聖諦解脫「道諦」的八個步驟裡，「正見」往往排在第一順位。其次才是：正思惟、正言、正業、正命、正精進、正念、正定。正定即佛教的禪定，其功能是當正念可以連綿作用在心時，必須再藉禪定的功夫，使「所見境，心不散動」。就原始佛教言，循此修道途徑精進，即可按其成就等級，證得四個階段的聖果：(1)須陀洹果；(2)斯陀含果；(3)阿那含果；(4)阿羅漢果。能到第(4)階段的聖果，即代表這個修行者，已可以永保清明的智慧，不再受任何無明業力的影響了。佛教的奧秘無他，就是清醒而已！

但是，這樣的修行次第和修行理境的證得，究竟對臺灣現代社會的生活有何意義呢？首先，我們必須排除一些大乘佛教向來批評原始佛教為小乘佛教的偏頗觀點，例如強調菩薩初發心即勝過阿羅漢等等。然後，我們可以發現「四聖諦」的菩提道次第，其實具有非常理性的宗教經驗在內，它不但構成佛教的根本思想核心，而只要透過對這一核心的理念的觀察和認識，我們可以建立一條有步驟，

且通達情理的修道程序。而我始終認爲：從對佛陀典範的學習和仿效，再進而確立起自己的宗教觀，正是這素樸佛教理論所告訴我們的寶貴教誨。

在今日臺灣社會的生活環境裡，假如我們能把佛教的無常觀和危險意識結合，便可以使我們仔細去分析社會現象背後的問題眞因所在，並求取一個較具決定性的解決辦法。因此，四聖諦的思想淵源，雖然可以追溯至二千五百多年前，佛陀的求道和證道的經驗；但假如把它們當作現代人生活困境的處理準則來看，則依然是煥發著智慧的光采的，並不過時！

從北傳「浴佛節」和南傳「衛塞節」之異同看佛誕日在現代臺灣社會的紀念意義

在臺灣，每年農曆的四月八日，相傳為佛陀的誕辰，佛教界根據北傳佛教的叢林行事慣例，會在當天舉行「浴佛節」的盛大慶典，以紀念這位人類史上有數的佛教聖者。

筆者是臺灣光復後才出世的，且從小生活在臺灣北部，在未從事佛教史的專業研究之前，對於每年佛誕日的印象，都是隔日從報上得知的，一些佛教徒在臺北市新公園裡熱烈參與「浴佛」的節慶報導。感覺上，這只是專屬於和佛教界較熟稔，或對佛教信仰很深厚的信徒，才參與這樣的活動。就社會大眾來說，則可能還很陌生。

假如將其拿來對比九月二十八日的「教師節」──孔子誕辰，和十二月二十五日的「聖誕節」──耶穌誕辰，我們不得不承認：儒教徒和基督徒，相當精於將彼等教祖的生日，轉變為社會性的節慶文化，使臺灣民眾不論是否為教徒，都因浸染在這樣的文化風尚中，於是不自覺的，便在一些生活習慣上跟著改變。例如寄「聖誕卡」、辦「耶誕舞會」、「教師節放假」、「優良教師表揚」等等都是。

我們這樣的比較，並不在強調「浴佛節」的社會參與

面，在臺灣地區較之上述兩節的活動，是顯得遜色的。因這些節慶活動的背後，還摻雜有其他社會文化影響的因素。

以孔、耶兩節日來說，前者是沿襲儒家傳統，在中國官僚體系及知識份子的主流地位，而積存下來的深厚的歷史情感；後者則和十九世紀中葉以來，西洋強勢文化在中國地區的長期影響有關。儘管如此，在作為國定紀念日時，前者仍要稱之為「教師節」；後者則弄一個不相關的「行憲紀念日」，使大家放假的理由，更冠冕堂皇。而「佛誕日」是四月八日，不論是農曆或新曆，都還未找到良好的放假藉口，所以看起來，大有遜色罷了。

其實「佛誕日」或「浴佛節」，要不要爭取其慶祝的層次為國家性的放假節日，並非問題的重點所在。毋寧說，我們應該從佛陀的偉大人格，和珍貴的宗教哲理，來透視其為社會大眾行為典範，和信仰指引的深遠意義。

而這樣的慶祝意義和活動內涵，自古以來，在佛教發展的過程中，也是持續存在的。只是在不同的地區，相應於不同的風土民情，而在形貌上有了改變。此即以北傳佛教為「浴佛」──慶祝佛陀誕生的崇敬系統，和南傳佛教以「衛塞節」──誕生、成道、涅槃三期皆在「月圓」，故形成「三期同一慶」的另一慶祝系統。

臺灣的佛教信仰，原是來自中國大陸的閩南地區，在傳統上，自然承襲北傳佛教的「浴佛節」紀念系統，叢林行事，皆依例於是日「浴佛」慶祝，向無異辭。

相較於南傳佛教的「衛塞節」視佛誕、成道、涅槃三節皆在五月的月圓時，而集中慶祝的作法，臺灣佛教界是根據古來中國佛教叢林的傳統，另訂佛陀成道日在農曆十二月初八，涅槃日在農曆二月十五日，分別舉行慶祝。

　　雙方——南傳和北傳——在慶祝的方式上，雖有曆法上認定的差異，在紀念的本質上，照理應是一致的，都是對佛陀誕生、成道和涅槃的一種宗教崇敬，和感念的心情流露！

　　但是，佛教曆法的計算方式，不只有古今的不同和中印對照的差異，就是關於佛陀受胎和成道的時間，也存有兩種不同的說法。

　　唐玄奘在《大唐西域記》第六卷中，即提到：「上座部（認為釋迦）菩薩以嗢呾羅頞沙荼月三十日，夜降神母胎，當此五月十五日。諸部則以此月二十三日，夜降神母胎，當此五月八日。」兩說相差達一星期之久。

　　而關於佛陀的成道日，在《大唐西域記》第八卷中，也記載著：「如來以印度吠舍佉月後半八日成等正覺，當此三月八日也。上座部則吠舍佉月後半十五日成等正覺，當此三月十五日也。是時如來年三十矣，或曰年三十五矣。」同樣有七天的差別。且成佛是在三十歲，或三十五歲，在經典上也兩說各存。

　　在《大唐西域記》中提到的印度曆法，由於是按印度太陰曆的計算方式，在月份的指涉內容上，和中國唐代的曆法是有出入的。

因爲從表面上看，中、印在唐代時，雖皆用月亮的盈虧爲計算的依據——即通稱的「陰曆」，可是在印度的月初，是以滿月之日爲起點的；同時將每個月由滿月至晦月，稱爲「黑分」（由於月份有大小，故「黑分」有十四日和十五日之別），由新月至滿月，則稱爲「白分」。一年十二月的名稱如：

一、制嗢羅月——相當於中國的一月十六日至二月十五日。

二、吠舍佉月——相當於中國的二月十六日至三月十五日。

三、逝瑟吒月——相當於中國的三月十六日至四月十五日。

四、頞沙荼月——相當於中國的四月十六日至五月十五日。

以下的月份，像室羅伐拏月、婆羅鉢陀月、頞濕縛庚闍月、迦喇底迦月、末迦始羅月、報沙月、磨祛月、頗勒窶拏月，都是依此類推。所以最後的月份，是相當於中國的十二月十六日至一月十五日。因此，印度的月份換算中國月份時，即出現跨月的情形。

而按《大唐西域記》的前述記載，佛陀受胎在嗢咀羅頞沙荼月的三十日或廿三日，是屬於「白分」的期間，換算成中國的月份，即成隔月（五月）的十五日或八日。成道日的吠舍佉月後半月的八日和十五日，同樣換算爲三月的八日和十五日。也可以說，正是新月到滿月的時期。

不過，在《大唐西域記》的卷六、卷八裡，唐玄奘已在資料中表明：上座部的日期推定，是傾向於月圓日的，此即中國的十五日，而在印度即屬於「白分」的最後一日。因南傳佛教即是上座部佛教——北傳佛教往往以「小乘」佛教稱之——的傳播地區，所以「衛塞節」，其實就是「吠舍佉月」的滿月節。

　　但是「吠舍佉月」的下半月，原等於中國的三月前半月，爲何又定爲五月的月圓日呢？

　　這一月份上的差異，其實也是由新舊曆法的變遷和換算所引起的。

　　因爲佛陀的受胎日，根據上座部的說法，是在嗢呾羅頞沙荼月的三十日，即相當中國的五月十五日，經過十個月的懷胎後，於「吠舍佉月」的「白分」十五日——中國的三月十五日誕生，原是很正常的。

　　可是正如中國的「浴佛節」是在農曆四月八日一樣，南傳的「吠舍佉月」，後來在曆法上有新算法，即由「吠舍佉月」的日期，變成了「逝瑟吒月」的日期，因而晚了一個月。

　　換言之，南傳佛教既將佛誕日晚了一個月，成了中國農曆的四月十五日，於是換算成陽曆即等於五月的月圓日。這就是「衛塞節」的日期何以在五月月圓日，卻仍稱「衛塞節」——吠舍佉節——的原因。

　　有關「吠舍佉月」日期，在農曆上晚一個月的事，將另撰文探討。此處先說明近代以來的「衛塞節」的發展。

由於南傳上座部的佛教，一向認定「吠舍佉月」的月圓日，恰是佛陀的誕生、成道、涅槃日，因此通常會在此日舉行盛大的慶典。

　　當此日來臨時，民眾往佛寺禮敬、供養三寶，以及持戒聽法；政府亦在當日禁止殺生、賣酒，或釋放囚犯；僧侶則日夜誦經說法，以為國家及民眾消災祈福。

　　印度南方的錫蘭島（今斯里蘭卡）古來即為上座部的佛教重鎮之一，「吠舍佉節」自然成了國家的大慶典，並影響及於其他南傳佛教的國家像泰、緬、寮、柬等國。

　　西元一九五○年「世界佛教徒聯誼會」在錫蘭首都可倫坡舉行首屆大會，大會中曾決議：

一、佛陀誕生為西元前六二三年。

二、成道之年為西元前五八八年（採三十五歲說）。

三、涅槃則為西元前五四三年（採八十歲說）。

　　到了一九五四年，第三屆「世界佛教徒聯誼會」在緬甸首都仰光召開，再議決將陽曆五月的月圓日定為「世界佛陀日」，希望將此一佛陀日所代表的偉大圓滿的智慧，和慈悲廣大的平等關懷，推廣到全球去，使人類所居的世界，都沐浴著這一偉大節日的光輝。

　　此一節日的訂定，用意當然是很好的。但基本上這是由南傳上座部的佛教傳統，所衍生出來的一種慶典。因此對北傳大乘佛教的國家來說，未必有認同的必要。

　　我們必須了解，宗教節日的訂定，有時候涉及的相關文化因素是很複雜的，其中往往可以回溯到早期節日日期

決定時的爭議背景、不同日期流傳後的慶祝意義、慶祝方式，以及各傳播地區所形成的宗教傳統習慣等，並非說改就改、說變就變的。

暫且不談北傳大乘佛教的「浴佛節」，還另有經典依據，以及其他信仰習俗的加入；就是單以「衛塞節」的慶祝傳統來說吧，仍然和當地的季節變化有關。因為南傳上座部佛教的國家，基本上都是在北半球的亞熱帶或熱帶地區，儘管古來習慣用「陰曆」，但太陽的光熱影響，遠較月亮更為強烈。

在印度的曆法中，原是將一年十二個月，分為太陽北行之六個月，與太陽南行之六個月。另一種算法，是分為六時：

一、漸熱，一月十六日至三月十五日。

二、盛熱，三月十六日至五月十五日。

三、雨時，五月十六日至七月十五日。

四、茂時，七月十六日至九月十五日。

五、漸寒，九月十六日至十一月十五日。

六、盛寒，十一月十六日至一月十五日。

佛教的曆法，則將六時再簡化為三時：

一、熱時，一月十六日至五月十五日。

二、雨時，五月十六日至九月十五日。

三、寒時，九月十六日至一月十五日。

我們可以很清楚地看到，「衛塞節」是在雨季來臨之前的月光圓滿夜晚，展開熱烈慶祝的！

為何要在雨季來臨之前慶祝呢？

　因為接著而來的夏季雨期達三個月之久，在此期間，出家人要禁止外出，結夏安居，一方面努力精進共修，一方面避免雨期外出，踩殺地面之蟲類及草樹之新芽，會遭來世人譏評。換句話說，如果要避免白天的強烈陽光照射，又要避免在雨季來臨時的不便外出，那麼在此之前的一個有皎潔月光的夜晚，來舉行大規模的佛陀日慶典活動，應是最相宜的了。

　可是北傳佛教，在季節的變化上，有異於南方國家，所以在信仰習慣上，不必同於它們。例如中、日、韓三國，可以在農曆八月十五，才慶祝月亮最美的中秋節，至於農曆的四月八日，儘可在白天舉行「浴佛節」。這是南、北傳佛教節日，受季節氣候影響，而產生差異的一種因素。

　在另一方面，我們必須知道，不論是一九五○年的第一屆，或一九五四年的第三屆「世界佛教徒聯誼會」，中國地區的佛教徒，都未派代表與會。

　因一九五○年是民國三十九年，當時中國大陸已在中共的統治之下，正展開對寺廟經濟及僧眾生活方式的改造，佛教界自顧都來不及，哪有餘力去管國外的佛教事宜；臺灣的佛教界，也正處於國民政府遷臺初期的不安狀態，無暇外顧。

　而一九五四年在仰光和平塔大石室中舉行的大會，雖有四十餘國參加，可是大陸和臺灣的佛教界，為避免互相在大會中接觸，儘管同時受到大會的邀請，雙方均未參加。

所以對大會的任何決議，都只能在事後才得知。因此，關於定「衛塞節」爲「佛陀日」的決議，當然難以表示意見了。

假如知道這一歷史背景，便可以知道：南傳國家的決定，自然是就彼等國度內的佛教傳統，來擇取「佛陀日」或「衛塞節」；至於北傳大乘佛教的國度，也可以自由決定自己要不要配合。可以說，雙方都無權強迫誰更改對方的紀念日期或紀念的方式。也完全不涉及任何一方的宗教正統或內涵優越問題。

但是，在臺灣有些佛教界的人士，對於南傳的「衛塞節」選在「月圓日」慶祝，卻一廂情願地賦予了一些特殊的宗教意義。例如將皎潔的滿月，解釋作圓滿、光明、清涼的象徵，可以填滿人世間的缺陷，能破除黑暗、消除熱惱，宛如佛陀的三德和自由、自在、幸福等。換句話說，南傳佛教的「衛塞節」，在他們看來，單是選擇「月圓日」一事，就夠高明了；更何況還把佛陀的誕生、成道和涅槃的三個節日，放在同一天，作爲「三期同一慶」，當然意義非凡。

這樣的解釋，正如某些佛教學者，認爲彌勒佛和月光的清涼有關，可以消除人生的煩惱；而彌陀佛和太陽崇拜有關，會和落日後的極樂世界相連，所以是「人死」的佛教信仰。毫無疑問的，這都是基於返歸原始佛教的偏頗心態下，所逐漸展現且日漸流行的一種異說，值得大家注意和檢討。

原先，南傳佛教的「衛塞節」之所以選在五月的第一個月圓日，可能是基於新舊曆法的換算方便，並非五月的第一個月圓日，一開始就有特別意義的。因爲在近代以前，南傳北傳的佛教徒，都是使用陰曆，月圓的時間是固定的，雖然彼此在算法上有跨月的差距，但關於佛誕日的差異，我們前面已提過，上座部傾向於中國農曆的四月十五；其他的部派則傾向於早七天的農曆四月初八日。

　　以中國農曆來看，每月十五日，當然是月圓之日。但改成陽曆就不一樣了，例如今年一九九一年的農曆四月十五日，換成陽曆即成了五月二十八日，爲了避免曆法上的日期經常變動，所以定在五月的第一個月圓日爲紀念日，正如規定五月第二星期日爲母親節一樣，都是一種具彈性卻又不會出錯的記法。

　　反觀我們臺灣的佛教界，如今卻出現新舊曆的混用。例如今年佛誕日，在臺北、彰化、花蓮三個地方的慶典，都採用了陽曆的四月八日，其中彰化縣和花蓮縣還提早一天，在四月七日星期日舉行。這些地方的「浴佛節」規模都不小，黨政要員和教界的高僧大德也都參與了，熱熱鬧鬧一番，使大家盡了心、過了節癮。但不知其擇日的標準何在？幸好像中壢蓮社、高雄正德佛堂等佛教團還保留了傳統的農曆四月八日──陽曆五月二十一日──做爲「浴佛節」的日子。否則只有令有識之士嘆息！

　　以日本佛教界來說，雖然自明治五年（一八七二）改用陽曆，但日本諸宗宗祖之忌日，不因改曆而有差異，他

們以舊曆之日月換算爲相當之日月，例如曹洞宗道元的忌日是舊曆八月二十八日，換算新曆則爲九月二十九日。

當然有些節日，像盂蘭盆會等行事，在農村中，由於耕種時傳統使用農曆，所以往往在節日上也沿用農曆未改，或較新曆遲延一個月。

至於「浴佛節」，日本在傳統上是和中國唐代佛教一樣，採用農曆四月八日，或換算爲相當的陽曆月日。

其他一些受中國佛教文化影響的國家，像韓國和越南等，過去也都是遵照中國佛教的節日習慣來慶祝，久已深深地滲透到當地民眾的信仰生活裡，成爲社會文化的一部分了。

但是，如果問道：中國古來的「浴佛節」，是否就一直用農曆四月八日呢？也不盡然。

由於中、印曆法上的用法不同，在翻譯者不理解的情況下，可能將吠舍佉月的後半月八日，理解爲中國的二月八日，因此在二月八日浴佛的朝代也有。

此外在中國的曆法，有時會因朝代的更改，甚至把二月八日提前到十二月八日來慶祝。例如《翻譯名義集》卷三引《北山錄》的記載說：「周之二月，今之十二月也。而大聖在乎周年，故得以十二月言正。」農曆十二月，即通稱爲「臘月」，而認爲釋迦成道是臘月八日，因此不但在當天浴佛，也造七寶五味粥，謂之「臘八粥」。使中國的紀念方式，有了新的韻味。

問題是，北傳佛教的「浴佛節」，不論是在一般公認的

農曆四月八日，或是其他也有人用過的二月八日和十二月八日，都不能忽略它原先的宗教意義是什麼？

我們知道：基督教是從古老的猶太教蛻變出來的，基督教徒為了區別它和猶太教的不同，特地把「安息日」——停止工作專意奉祀上帝的聖日——自星期六改為星期日。前者的依據是《舊約聖經》；後者乃是根據耶穌的復活傳說而來。

每一個宗教，在它節日的設立之初，都會有它的形成背景，或它想要強調的紀念意義。正如猶太教和基督教的「安息日」，各有其意義一樣，我們在北傳的「浴佛節」慶典中，到底可以發現除了和南傳「衛塞節」的時間不同之外，還發現了什麼其他的宗教意義嗎？

根據《望月佛教大辭典》「灌佛會」條的解說，又可以稱作御灌佛、浴化齋、佛生會、誕生會、佛誕，又稱龍華會等。「浴佛節」當然也是其中的一種稱呼。然而，為什麼佛陀誕生要「灌佛」或「浴佛」呢？這種灌洗的方式，為什麼南傳佛教並不流行呢？這其實和一些後起的傳說有關。

本來，一個對現代醫學稍有理解的人，都知道：人要在女人的子宮裡懷孕，除非難產或剖腹，否則懷孕十月後，嬰兒就會經由產道誕生出來。

新生命的誕生，不用說是帶著臍帶和胎膜、胎垢的，因而新生嬰兒一出生，助產士都會先將其洗澡或將身體擦拭乾淨。對一個現代人來說，那不是污穢，而是維持嬰兒

在母親子宮裡能夠健全成長的自然產物；一旦新生命已經出生，那些在子宮內的保護膜和臍帶，便不再需要了，而須被清除。同時也代表嬰兒需要清潔，才能保持有衛生和健康。

所以這原是很正常的護理行動，並不具有什麼特別的意義。可是對一位日後已成為偉大的宗教聖人來說，往往就會有很多傳奇或神話來附麗，以顯示其誕生的特殊性和神聖性。近代宗教學者，有時稱此行為叫「造神運動」，即把一個人神格化了。

釋迦牟尼佛的誕生，也同樣被賦予了各種神話。在《普曜經》第二卷即提到：

> 爾時，菩薩從右脅生，忽然見身住寶蓮花，墮地行七步，顯揚梵音，無常訓教：「我當救度天上天下，為天人尊。斷生死苦，三界無上。使一切眾無為常安。」天帝釋梵，忽然來下，雜名香水洗浴菩薩。九龍在上而下香水，洗浴聖尊。洗浴竟已身心清淨。所在遊居，道超具足，生於大姓如正真寶，奇相眾好，應轉法輪。若轉輪正處在三界，以一道蓋覆於十方。……

這是竺法護在西晉時所翻譯的八卷本。

而更早後漢竺大力共康孟詳譯的二卷本《修行本起經》

中則提到：

> 十月已滿，太子生成，到四月八日，夫人出遊，
> 過流民樹，眾花開化，明星出時，夫人攀樹枝，
> 便從右脇生墮地，行七步，舉手而言：「天下天
> 下，唯我獨尊。三界皆苦，吾當安之。」……有
> 龍王兄弟，一名迦羅，二名鬱加羅，左雨溫水，
> 右雨冷泉，釋梵摩持天衣裹之，天雨花香，彈琴
> 鼓樂，熏香燒香，搗香擇香，虛空側塞。

像這樣描寫其出生時的種種神奇，在《瑞應本起經》
上卷(吳・支謙譯)、《異出菩薩本起經》(西晉・聶道眞譯)、
《過去現在因果經》卷一（劉宋・求那跋陀羅譯）、《佛本
行集經》卷七（隋・闍那崛多譯）、《方廣大莊嚴經》卷三
（唐・地婆訶羅譯）等，都一再地重述。

這些屬於「本緣部」的經典，應是在南傳上座部的系
統外，所新興起的宗教傳統，具有濃厚的文學色彩。可是
這些從印度本土傳來的佛經故事，在當時卻是做為佛教史
上實有其事的心理來相信的。而歷代的佛經翻譯，更強化
了這類傳說為實在的印象。

這樣的佛教故事，並非只是中國人相信而已，在印度
本土的鹿野苑等地，仍有一些古石刻殘留迄今，上面刻著
佛陀誕生時，龍王以香水灌洗太子頭頂的圖像。可見在印

度本土的佛教徒，也是如此相信的。中國人不過從印度人那裡學樣罷了。

然而和此事有關的《灌洗佛形像經》（西晉・法炬譯）卻提到一連串的農曆四月八日，說佛陀是四月八日夜半明星出時誕生，也在同樣的月日時分出家，入山學道、成佛、般涅槃；並解釋說：

> 所以用四月八日者，以春夏之際，殃罪悉畢，萬物普生，毒氣未行，不寒不熱，時氣和適，正是佛生之日。諸善男子善女人，於佛滅後，當至心念佛無量功德之力，浴佛形像如佛在時，得福無量不可稱時。……

以下經文還有種種浴佛功德的描述，可說是對「浴佛節」的氣候分析，和鼓勵浴佛行為的宣傳資料。如果照經文行事的話，實應擇在農曆四月八日的夜半行之才對，因時當春夏之交，弦月半圓，明星在天，一樣是很棒的節慶時光。並非一定十五日月圓才是「智慧圓滿」。

我們因此可以看得出，所謂「出生、成道、涅槃」都在同一「月圓日」的「三期同一慶」的說法，同樣也可以換成此經所說的四月八日夜半來舉行。不過，坦白說，所謂「三期同一慶」的正確曆法，在史實上可能是虛構的，或難以證明的。而其實只要慶祝其中之一，仍然可視為紀

念佛陀一生的偉大宗教成就，在信仰的作用上是和「三期同一慶」一樣。

另一方面，任何宗教節日，雖必須和當地生活相適應才行，然而，無可否認的，紀念儀式本身，往往會融入當地文化的色彩，或者因功利取向而導致過度的舖張行為。

三國時，吳國的笮融就是早期一個著名的例子。在《吳書》卷四的《劉繇傳》裡，即附帶提到：

> 笮融初聚眾數百，往依徐州牧陶謙。謙使督廣陵、彭城漕運。……乃大起浮屠祠。……每浴佛，多設酒飯，布席於路，經數十里，人民來觀及就食且萬人，費以巨億計。

這樣大規模的「浴佛節」，顯示「浴佛」的福田功德，在中國社會裡，很早即有迴響。

到了兩晉南北朝時代，更流行於朝廷和各民族間。此後雖然曆法可能有變，但此種為福田功德而慶祝「浴佛節」，則是歷代都一貫的。且不論中、日、韓，都沒有例外！

因此，我們看今年在臺灣地區舉行的「浴佛節」，本質上不會和以前各朝代的慶祝方向，有太大的差異。佛教徒還是齊聲頌著〈浴佛讚〉：「九龍吐水，沐浴金身，天上天下獨我尊，七步寶蓮生，威德光明，法界永沾恩……南無本師釋迦牟尼佛。」——這樣的頌詞其實也沒什麼不好！

但是，除這些傳統的頌詞之外，在臺北市剛於陽曆四月八日舉行的大會中，雖然標出了「感恩與惜福」的主題，卻仍然缺乏較深刻的紀念活動。因爲我們看不到當天有新的佛陀傳出版，看不到有高水準的佛學論文發表，乃至有安排什麼新的佛教文化在展覽。

試問佛教界：對此是否應有所改變了呢？還是年年應景一番就算了？「浴佛節」於現代臺灣社會的紀念意義在何處呢？我希望國內的佛教學者，在推崇南傳佛教的「衛塞節」之餘，也來想想如何更新「浴佛節」慶祝內涵的問題。

歡喜迎七月

——盂蘭盆會在臺灣的現代生活意義

盂蘭盆會與中元普度

在臺灣佛教的各種節目中，最受民眾重視，或和民眾生活最親近的，應該是農曆七月十五日的「盂蘭盆會」了。

臺灣民眾的重視此一節日，嚴格來說，並非只是基於對佛教「盂蘭盆會」的宗教理解而來，毋寧是和傳說七月為「鬼月」，為了款待「好兄弟」，而在七月十五日以豐盛的祭品供奉的習尚有關。

所以，與其說民眾重視佛教節日的「盂蘭盆會」，不如說民眾重視的，是混合佛道和民間信仰的「中元普度」了。

但，一般說來，臺灣民眾對此一宗教節日中的慶祝行為，不論多麼熱烈，實際上，只是傳統宗教習俗的延續或遵循，而沒有深入的歷史理解和深刻的宗教心理反省。

惶恐戒慎款待好兄弟

於是，每年當農曆七月一日開始，人們便在言談和行動中，充滿了關於「鬼」——「好兄弟」的種種禁忌。例如：熱戀中的男女，或提前在六月舉行婚禮，不然就延到八月，以避免在七月舉行，而娶到了所謂「鬼婆」。搬家或開新店

營業，也儘量避開七月。

因而，論到實際，人們其實是在惶恐和戒慎的心理下，戰戰兢兢地度過了充滿「好兄弟」氣氛的七月。而在七月半這天晚上，是月亮最圓滿、最光亮的時刻，人們便以款待遠方來訪的親友一樣，設盛宴以供饗之。請試著回味一下「好兄弟」的這一稱呼，不是彷彿因怕得罪了對方，才勉強自己裝出微笑的臉和發出誠摯的友誼之聲嗎？

做為一個宗教學的研究者，我對上述的信仰行為或節日中的各種現象，並無嘲笑的意思。我只是根據自己生活在其中的觀察，忠實地點出實際的信仰狀況罷了。

在另一方面，我其實是想以此為一條引線，來探討它在今日臺灣社會生活中的現代意義。為何我要如此做呢？

檢討和建言

本來，一個宗教學者的任務，是側重在觀察和研究。但是，在我所認識的一些研究同道中，他們對此一宗教行為的種種，往往不是過於盲從，就是一味地排斥。因此缺乏同情了解像「盂蘭盆會」這樣的節慶文化，到底具有什麼樣的現代意義。所以，我不得不對此提出一些檢討和建言。

在我所認識的宗教學者中，董芳苑教授是以研究臺灣民間宗教信仰聞名的，但是出現在他的書中《臺灣民間宗教信仰》，一位署名王興吉的作者，在〈農曆七月普度及其評價〉一文中（原書頁三九七～四○三），便從迷信和浪費的角度，來對此一節日的宗教現象大加批評，文末還以基

督敎的上帝一元論，來拒斥臺灣民間對鬼的崇拜。這是充滿基督敎神學偏見的產物，缺乏同情的理解，毋寧是很自然的；但是文中對「盂蘭盆會」起源的認識不清，則值得商榷。

王興吉先生認爲：「盂蘭盆會乃目蓮所創。至於目蓮是何許人氏，却不很淸楚；據說是釋迦牟尼的得意門生。這個節日係一種無緣鬼魂的崇拜。」（原書頁三九七～三九八）然後將其和「中元普度」（他用的是「七月普度」）的節慶習俗連結起來。這樣的見解，是頗成問題的。

習俗起源甚早

「盂蘭盆」梵名是 Ullumbana 的音譯，是梵語 avalv-mbana（倒懸）的轉訛語，比喩亡者的痛苦，有如倒懸，痛苦至極。雖然在西晉時，竺法護譯出《佛說盂蘭盆經》，將目蓮（按卽目犍蓮 Maudgalyaana，爲佛陀十大弟子之一，以神通聞名，晚年在王舍城行乞時，被敵對的婆羅門敎徒害死）救母的故事引介到中國來。

但「盂蘭盆」的宗敎習俗，在印度本土起源甚早。印度兩大史詩中的《摩訶婆羅多》第一篇的第十三章、第十四章，及第四十五章至第四十八章等，皆提到有關「盂蘭盆」的宗敎行爲。

另外，在《摩奴法典》的第九章和《摩訶婆羅多》第一篇第七十章裡，也提到 purra（子息）的語源說明，強調男兒必須拯救梵（trayate）墮於地獄（pum）的父親之涵義。因印度古來卽相信無子嗣者，死後必墮入惡處，所以

婆羅門教徒在二十歲修業圓滿後，必須回家娶妻生子，以祭祀祖先之亡靈。

佛弟子修孝順施佛及僧

因此，我們可以說，「盂蘭盆」在宗教上最原始的意義，是為人子嗣者，擔負起祭祀血親亡靈的宗教行為。換言之，即是孝道倫理在宗教行為上的深刻表現；而非對「無緣鬼魂的崇拜」（如王興吉先生所誤解）。

後來佛教徒將此宗教習俗，改換成佛教信仰的宗教內涵。此即《佛說盂蘭盆經》中所說「目蓮救母」的故事。其實目蓮救母的故事，在經文中只是做為一個引線，目的在說明聲聞弟子的大神通之無用，而必須藉著供養在七月十五日「結夏安居」後精進的僧眾才有效。

同時又導引出一個更偉大的宗教主題：「是佛弟子修孝順者，應念念中常憶父母供養，乃至七世父母，年年七月十五日常以孝順慈憶所生父母，乃至七世父母，為作盂蘭盆，施佛及僧，以報父母長養慈愛之恩。」王興吉先生認為這是來自「佛教的來世思想」（原書頁三九八），可謂與實情不符。

「盂蘭盆」在古代中國的發展，可以宋代為分水嶺，在此之前，舉行「盂蘭盆會」，是著重供佛、供僧，以報父母、祖先恩德。最代表性的詮釋作品，像唐代圭峯宗密的《佛說盂蘭盆經疏》即詳盡地表達了這樣的理念，這樣的信仰理念，又頗能投合當時儒家傳統重視孝道的習尚，自然就融入民眾的節慶生活中，而長久維持下來。

與祖先崇拜觀念結合

可是，在宋代以後的「盂蘭盆會」，有一新發展，此卽儘管「盂蘭盆會」的風尚如習，但用富麗莊嚴的器物來供養佛、僧的情形漸減，而焚燒冥紙、衣服，以追薦先祖亡靈的風氣日盛。這象徵著佛教信仰在中國本土進一步的轉化，同時也可以看得出隋唐佛教的盛況和當時佛教僧侶的崇高社會地位，在宋代儒家的排佛思潮日漸高漲後，已呈現出佛教僧侶影響力日漸式微的狀況。——至於進一步和道教的「中元普度」結合，更是無可避免的趨勢。此可從宋代以後，三教合一，或三教同源的思想，愈來愈盛行一事，卽不難理解。

這種情形，在鄰邦的日本，也一樣盛行。日本大約在齊明天皇三年（西元六五七）開始設「盂蘭盆會」，因與祖先崇拜的民俗相結合，所以歷代盛行不輟。迄今在日本，「盂蘭盆會」仍是一年中最大、最重要的節慶之一。可見這樣的宗教信仰模式，是適應當地文化傳統的，做爲一個宗教學者，不應對此有所誤解才對。如果還加諸以「迷信」的批評，那就太嚴苛了。

七月原是吉祥月

在臺灣的出家僧尼中，證嚴法師是最能掌握到「盂蘭盆會」的現代意義的。她在去年八月於臺中新民工商的一場演講中，提出一個「七月原是吉祥月」的新看法，她從「普度」要孝順父母，講到要注重環保、珍惜自然資源，以及改善個人不良習慣，很精闢地表達了她對鄉土文化和

社會救濟的關懷。她以積極、向善的意義，取代了原先充滿禁忌和感性的宗教文化觀。

但是，她的詮釋也有美中不足之處。此即她對節慶文化本身，仍缺乏部分歷史背景的理解，以及未能同情臺灣原有節慶文化中豐富的信仰蘊涵。

人類原始意志的再顯露

可能是缺乏宗教社會學的知識，從連雅堂寫《臺灣通史》以來，即可看到學者對此一宗教習俗，不斷地提出指責。像連氏批評：「七月初一，謂之開獄門。各家致祭，自是日至月杪，坊里輪流普度，延僧禮懺，大施惡鬼，先放水燈，以照幽魂。尚鬼之俗，漳泉為甚。『糜錢巨萬』，『牢不可破』。」(原書〈風俗志〉，頁四六〇) 他忘記了在臺灣早期的移墾社會中，埋骨異鄉的無名亡魂有多少？尚鬼的背後，難道和對異鄉適應的艱難無關嗎？

從表面上看，祭鬼、放水燈，或搶孤的習俗，都是浪費的，愚不可及的迷信。但是在這些宗教儀式中，尤其搶孤一項，與其說是人在扮演眾鬼爭食，還不如說，那是現世生活競爭的縮影。再說，那種機敏而慘烈的競賽，何嘗不是人類原始意志的再顯露。

同情的角度

童年時，聽村中青年在節慶次日，大談其搶孤的驚險和興奮的模樣，迄今猶令我難忘！我不是想重複歌頌這樣的宗教行為，我只是想指出：在宗教行為的背後，其實是緊密連接現實生活經驗的。以基隆市的祭祀「老大公」為

例，如今已成爲基隆市特有的七月文化，甚至成了有觀光特色的慶典。此即社會結構轉變後的宗教反應之一。這也是從新角度的研究方法，才能清楚理解的。

因此，我在此要提醒一些宗教學者，謹慎地，或更客觀地來處理七月的「盂蘭盆會」。我們已不再是過去物資缺乏的社會了，我們應該從更同情的角度來發掘其在臺灣現代社會生活中的意義。證嚴法師的演講，是一個新啓發，讓我們更進一步發揚它！

從「人生佛教」到「人間佛教」

——爲紀念太虛大師百歲誕辰而作

太虛大師生於一八九〇年一月八日（新曆算法），迄一九九〇年一月八日，恰爲百年誕辰。香港「法住學會」，擬在一九八九年十二月底，舉辦大型的學術討論會，以紀念這位中國近代最偉大的佛教改革思想家。我因忙於其他論文，無暇赴港與會。

但我是專攻中國近代佛教史和臺灣佛教史的一份子，對於這樣重要的佛教史事，豈可不撰文以紀念之？由是而草成此稿，以「人生佛教」和「人間佛教」爲主題，探討太虛大師一生對中國佛教的終極關懷，及其所以異於近代其他佛教界高僧大德的地方。同時也有助於理解盛行當代臺灣的「人間佛教思想」。

爲甚麼要將「人生佛教」和「人間佛教」合併討論？印順法師不是在其新著《契理契機的人間佛教》（臺北：正聞出版社，一九八九年），批評太虛大師的「人生佛教」因「融貫」而引生的種種流弊嗎？（原書，頁六四～六五）在臺灣的一般讀者，可能認爲太虛大師只是提倡「人生佛教」，而印順法師爲了修正「人生佛教」，才提倡「人間佛

教」。其實不然，印順法師提倡「人間佛教」，固然不錯；但「人間佛教」的概念名詞及其理念詮釋，仍是太虛大師最先提出的（見善導寺版，《太虛大師全書》，第二十四冊，〈怎樣來建設人間佛教〉，頁四三～四五六），只是後來印順法師另對「人間佛教」重新定義（見印順，《印度之佛教》，臺北：正聞出版社，一九八五年，重版，頁三七～五二），兩者才因依據的佛教典據各有所宗，而產生不同的詮釋內容和關懷立場的差異罷了。

印順法師坦言：「出家來忝列師門，而以致力義學，於大師事業少參末議。且爲學多求諸古籍，於大師思想亦多扞格；吾何足以知大師！」（《太虛大師年譜》，臺北：正聞出版社，一九八六年，五版，「編著附言」，頁一）這雖是他客氣自謙，但也是事實。既然兩者思想理路不同，要客觀評價，自是不易。

因此，本文以思想史的立場，來說明太虛大師的「人生佛教」和「人間佛教」之同質性，並凸顯其對中國佛教的終極關懷，相信不會沒有意義的！

一、太虛大師提倡「人生佛教」的原因

爲甚麼太虛大師要提倡「人生佛教」？

傳統上，佛教一直被視爲追求出世解脫的宗教，即或有大乘佛教提倡菩薩普度的精神，也注意過在家居士的學佛和弘法的問題，但其出世的立場是不變的。剃髮、緇衣、割愛、辭親，是出家僧侶堅志求道的必要手段。惟其如此，

其對人間世的關係，雖仍抱有慈濟眾生的悲願，但捨離與還滅，才是最終的目的。因而，除非弘法者能提出一套：既有佛典依據，又兼顧時代需要的理論，否則在教法上，即可能遭到背離祖訓的嚴重指責。要瞭解太虛大師提倡「人生佛教」的原因，亦必由此教法修正的背景著手。

　　「人生佛教」是新時代的佛教觀念，傳統佛教思想中，很少有提及者。不但「人生佛教」如此，連「人間佛教」一詞，在臺灣雖較常見，國際佛學界仍甚罕聞。舉例來說，如藍吉富先生剛自日本參加第三屆「中日佛教學術會議」回來，在電話中談及：曾與日本佛教學者說起臺灣現在流行的「人間佛教」思想，然而連專研中國佛教史的鎌田茂雄教授，都不知何謂「人間佛教」？可見「人間佛教」一詞，是中國近代佛教思想特有的用法，值得加以檢討。尤其民國以來，最具代表性的佛教改革思想家太虛大師，在傳統中國佛學上，首先提出「人生佛教」的看法，後來又和印順法師在「人間佛教」的關懷點上，產生思想上的重大歧異，更是治佛教思想者，必須加以闡明者。可是，迄今為止，仍罕見有人深入討論此事。

　　為了要探索這一切近時代性的佛教思想，我曾大量翻閱近代相關佛教文獻的資料，結果發現：太虛大師提倡「人生佛教」，乃至後來提倡「人間佛教」，皆是源於「五四運動」後，知識份子對傳統佛教的社會功能產生質疑；而後為了疏解這種外在環境的鉅大壓力，於是才有新潮僧人如太虛大師者，出來提倡「人生佛教」，以為對治。而從太虛

大師生平演講、編述的文章來看，雖然主要是使用「人生佛教」一詞，但內容時有添加，和他後來提倡的「人間佛教」相比，在思想上並非截然劃分、涇渭分明的。兩者其實在反映時代思潮和社會關懷方面，有相當大的同質性。何以會如此呢？

從《太虛大師全書》裡的資料來看，「人生佛教」一詞，出現於一九二八年四月，在〈對於中國佛教革命僧訓詞〉中，他說：「在中國現在的大環境中，……建設『原本釋迦遺教，且適合現時中國環境的新生命』之必要，……予二十年來迄今，以至將來猶繼續不已之運動也。……今《三民主義》者，若能提取中國民族五千年文化及現世界科學文化精華，建立《三民主義》的文化，……佛教亦當依此，而連接以大乘十信位的菩薩行，而建設『由人而菩薩而佛的人生佛教』。」（《全書》，第十七冊，《制議》（九），頁五九六～五九七）又說：

> 「由中國革命，推及世界革命的國民革命，有《三民主義》；由國民佛化，推及人世佛化的佛教革命，亦有「三佛主義」。（案：即「佛僧主義」、「佛化主義」、「佛國主義」。）……此三主義，本為一個「佛教救世主義」。而在進行的努力上，則為一個「佛教革命主義」。……然在第一期，當尤努力於建設「人生佛教的理論」，及進行中國「佛僧主

義」的宣傳與實施；同時亦宣傳且推行中國「佛化主義」，與宣傳「佛國主義」。……第三期當完成中國之「三佛主義」，而行推行於全世界。（前引書，頁五九八、六〇三～六〇四）

這種論調，表面上看來，極類似長久以來到處泛濫的「政治標語」，或如印順法師所指摘的：「人生佛教，難道只是順應潮流嗎？」（見印順，〈談入世與佛學〉，收在《無諍之辯》，臺北：正聞出版社，一九七六年，再版，頁二二四）其實並非如此。而是太虛大師實際上長期在努力著的改革事業（詳後）。

誠然，這一「革命僧的訓詞」，所提倡的「人生佛教」，是在針對一九二七年「清黨」後的新局面，呼應當權派的《三民主義》潮流，欲改革中國傳統佛教，使其關懷面深入和擴大至各階層。但是，太虛大師自清末參與佛教改革運動以來，一貫是不斷地汲取時代的新知，融攝世學於佛法中，爲其改革的理論依據；而關懷面從個人、社會以擴展至全人類，則是在大乘菩薩道的精神發揮之外，還兼有欲改變西洋社會信佛的特殊理念之影響。他在一九二七年冬天所作的〈告徒衆書〉即談到：

民十三年冬，余嘗短時退隱，靜觀日、藏密宗新入中國之紛亂，及國民黨容共後在中國之新形

勢，發生二種新覺悟：一曰、中華佛化之特質在乎禪宗：欲構成住持佛法之新僧寶，當於律與教義之基礎上，重振禪門宗風爲根本。二曰、中國人心之轉移繫乎歐化：欲構成正信佛法之新社會，當將佛法傳播爲國際文化，先從變易西洋學者之思想爲入手，因著〈人生觀的科學〉及〈大乘與人間兩般文化〉，以見其意。

余從十四年春，廣宣佛教於北京、於日本、於甬、於蘇、於福建、於杭、於滬，迄今猶從事於此二者之選擇及預備焉。（見《全書》，第十七冊，頁五八六）

換句話說，至遲在一九二四年以前，他已考慮到以新的佛教理論和佛化運動兩者並進，欲自中國境內推廣至國際，以對抗西洋文化在中國境內的鉅大影響力。

至於〈人生觀的科學〉及〈大乘與人間兩般文化〉，其內容涉及「人生觀」、「科學」、「人間」、「兩般文化」等概念名詞，民國以前，皆非傳統中國佛教僧人所熟知者。但在太虛大師而言，卻自清末以來，即在醞釀之中，其後更付之實踐，絕非只是爲了呼應《三民主義》的政治口號，才隨口提出的。治近代中國佛教思想史者，如對此不能有清楚的背景理解，將嚴重誤解太虛大師佛教思想的時代意義。故以下即說明其與時代思潮的關係。

二、「人生佛教」與時代思潮的關係

有關太虛大師從清末出家，歷經思想變遷，而成為新一代青年僧人改革家的這一過程，假如讀者不見忘的話，我在〈五四時代的太虛大師〉（《福報》，本78年五月四日）一文，已詳加探討過。此處略去早期的活動細節，就其與「人生佛教」有關者，提出說明。

在太虛大師的早期佛教思想中，他承襲晚明以來的傳統中國佛教知識，加上他在西方寺及普陀山兩次閱藏時的禪境體驗，使他有極烈的自信心和優越感，來從事佛教改革的事業。另一方面，他雖熱衷吸收時代新知，試圖以社會主義、無政府主義等時代新潮，來酬對外界知識份子和改造佛教內部組織，但這依然是康有為《大同書》、譚嗣同《仁學》和章太炎《建立宗教論》等改革思想的再出發而已。此時的他，心理上絕無改革西方世界的意圖存在。為甚麼？

因為在第一次世界大戰爆發前，亞洲文明一直被優勢的西洋文明所壓制，並造成亞洲地區各方面的思想變革。即使是博覽羣籍的太虛大師，當時也「意將以無政府主義與佛教為鄰近，而可由民主社會主義以漸階進」（見《太虛大師自傳》，《全書》第二十九冊，頁一九四）。然而歐戰爆發，西洋文明發源地反陷入烽火遍地的悲局，頓使他寄以改革厚望的知識基礎，為之連根動搖。正如他後來坦承的：「對於西洋學說，及自己以佛法救世的力量，發生懷疑，

覺到如此的荒棄光陰下去，甚不值得，遂到普陀山閉關。」

（見太虛，〈我的宗教觀〉，載《全書》第二十冊，頁三四八～三四九）

　　在普陀關房中，他有系統地撰寫了《整理僧伽制度論》和《楞嚴攝論》等重要著作。他的一生思想，可說成熟於普陀山時期（一九一四～一九一七）。其中在《整理僧伽制度論》中，更首度構想出佛教改革理想的「烏托邦」──「佛法僧園」。將教育制度、佛教組織、傳統佛教宗派及社會福利事業，皆一一規劃，使其成爲日後實踐的最高原則。不論人們怎樣評價太虛大師的佛教思想，如就其建構這樣一個現代佛教理想大組織的思想而論，即足稱佛教思想家，而垂名於青史。

　　他在〈告徒衆書〉中說：「貫持此十年來（一九一七～一九二七）佛法救世運動之宗旨者，則爲由「覺社」叢書嬗生之《海潮音》月刊。」（《全書》第十七冊，頁五八六）即是將《整理僧伽制度論》的構想，向世人宣佈的弘化活動。「人生佛教」的本質思想，即是由此一貫沿伸而來。而在此一時期，「人生佛教」亦充滿現實社會的關懷，毫無「天化」的傾向。印順法師批評的「人生佛教」，也非指這種思想，而是在日後太虛大師寫〈議印度之佛教〉時的見解（見《全書》，第二十五冊，頁五二）。我們可以說，在一九一七年以後，針對歐戰後，西洋文明破產、東方文明將興的論調，太虛大師以自身建構的理想制度，爲東方文化的代表，竭力欲將其實踐。所以他將西方世界當作他弘

法的未來主要目標。

例如一九一七年十一月，即迄今七十二年以前，他在臺灣彰化的一次法會演說上，即提到：「佛教爲東洋文明之代表。今代表西洋文明之耶教，已失其宗教功用於歐美；歐美人皆失其安身立命之地，故發生今日大戰局（案：指歐戰）。吾輩當發揚我東洋之和平德音，使佛教普及世界，以易彼之殺伐戾氣，救脫眾生同業相傾之浩劫。」（見太虛，〈東瀛采眞錄〉，載《全書》，第二十九册，頁三三三～三三四）——這種論調，較之一九三三年，他講〈怎樣來建設人間佛教〉，要從一般思想、國難救濟和世運轉變三個層次來建設「人間佛教」，可以說，同樣是將其佛教理念，放大到世界的範圍，以普度全人類爲其終極目標，卻又兼顧了一般民眾和國家的需要。

問題是：他最初何以要用「人生佛教」之名？而前面提及的〈人生觀的科學〉和〈大乘與人間兩般文化〉，又是詮釋些甚麼佛法內容？

以〈人生觀的科學〉而論，是受到一九二三年，中國知識界正熱烈展開「科學與人生觀」論戰的思想影響。太虛大師的著眼點，是梁漱溟對其「人天乘」轉化爲「人乘」的質疑（見《全書》，第二十三册，頁三八），以及吳稚暉批評佛教的「人生觀」爲「人死觀」的挑戰（見《吳敬恆選集》，臺北：文星書店，一九六七年，頁八三；及《全書》第二十六册，頁一八七～二〇一）。面對這樣的強烈質疑和挑戰，佛教界出現兩種回應的言論：「支那內學院」的歐

陽竟無，演講〈佛法非哲學非宗教〉和〈佛法爲今時所必需〉（見《歐陽竟無文集》，臺北：文殊版，一九八八年，頁二三一～二五二；頁二八五～二九六），爲「佛法」的時代意義辯護。在出家僧侶方面，太虛大師代表「武昌佛學院」和《海潮音》，撰寫〈人生觀的科學〉，以回應梁、吳等提出批評佛教的時代課題。太虛大師說：「近人所談的人生觀，我唯認梁漱溟的《東西文化及其哲學》，與吳稚暉的《黑漆一團論》（案：正式名稱應爲〈一個新信仰的宇宙觀與人生觀〉），較有力量，故略取一論以爲結束。」（見《全書》，第二十三冊，頁六四～六六）他的結論就是要增加感覺能力，擴充經驗內容──瑜伽方法可代科學方法；認識人生眞相爲遍覺的、律法的、調和的；而達到人生之究竟，在於由人乘直接趨入佛乘；在世學方面，放棄達爾文主義，改採克魯泡特金的合作互助主義。──這就是初期「人生佛教」的詮釋內容。

而一九二四年多天，在慈谿保國寺作的〈大乘與人間兩般文化〉，原題爲〈佛法與東西文化〉，其實就是〈人生觀的科學〉中，「對世界文化之抉擇」的再發揮（《全書》，第二十三冊，頁四二～五一）。因梁漱溟在《東西文化及其哲學》一書中，提出西洋文化、印度文化和中國文化，分別代表三種（向前、向後、持中）的人生態度。太虛大師則區分爲兩種：甲種文化和乙種文化。甲種文化是：一理智上離言契性，二行爲上克己崇仁，三信向上是融迹同本的。佛教的「三論」、「禪宗」代表一；「律宗」代表二；

「華嚴」代表三。乙種文化方面：理智上是藉相求知的，可以「唯識」代表；行爲上是縱我制物的，可以「法華」爲代表；信向上是取形棄神物的，可以「眞言」、「淨土」爲代表。這樣一來，世間的一切學說，都可在大乘佛法——其實是中國佛教——找到對應的學說。證明佛法絕不過時！

但是一九二七年，國共分裂，國民黨展開「清黨」，太虛大師原對社會主義很熱衷，在國共合作時期，他甚至在文章中融入了馬克思的部份思想（《全書》第二十冊，頁二二七～二三〇），此時則撰〈自由史觀〉，強調「眞現論」，並批判共產唯物思想。他說：「自由史觀」謂全宇宙以自由活動爲本性，而人類有自覺心故，自動自發解放被囚，自決自主要求自由，自存立自治理，以鞏固自由之基礎。又說以此基礎，「創建自由史觀之世界教育」，「創建自由史觀之社會經濟」和「自由史觀之國際政治」（見《全書》，第二十四冊，頁一一〇）。此種言論，反映出革命軍北伐成功的自由氣氛，同時又謹愼地保持對「社會主義」的中立地位。要到一九二八年，撰〈對於中國佛教革命僧的訓詞〉時，他才肯定的說出「人生佛教」與《三民主義》的思想交涉關係。

可以看到「人生佛教」的基調是不變的，只是在政局變遷之際，稍微調整了一些言詞的角度罷了。不如此，佛教界又能如何呢？

三、「人生佛敎」與「人間佛敎」的同質性

太虛大師在一九三三年，曾對「人間佛敎」下定義說：「人間佛敎，是表明並非要人離開人類去做神做鬼，或皆出家到寺院山林裏去做和尙的佛敎，乃是以佛敎的道理來改良社會，使人類進步，把世界改善的佛敎。」（見《全書》，第三十四册，頁四三一）從這個內容來看，和「人生佛敎」的思想，其實是一樣的。

因此，我們可以說，太虛大師的佛敎思想，是以中國佛敎爲核心，以適應現代社會需要爲目標，在態度上是「人生的」，在範圍上是「人間的」。而其構想的計劃書，即「佛法僧園」的實踐方法論——《整理僧伽制度論》。在《太虛大師全書》中，後來以幾十萬字，分別編成〈眞現實論宗依論〉、〈眞現實論宗體論〉、〈眞現實論宗用論〉（見《全書目錄》，頁一五三），也不過重複我們上述討論過的話罷了。

在抗戰期間，太虛大師沈思於時代的變局和佛法的未來之餘，依然有廣大的視野和高超的胸襟，來關懷全人類社會的未來，希望佛法能爲彼等提供服務，眞誠流露出他的人道主義的偉大宗敎精神。這的確令人敬佩！

但是，後來爲何又有印順法師的對其修正呢？

太虛大師提倡的「人生佛敎」，據印順法師說「民國四十年以前，中國佛敎界接受的程度是微小的；臺灣佛敎現

在，接受的程度高些。但傳統的佛教界，可能會不願探究，道聽途說而引起反感；在少數贊同者，也可能忘卻自己，而陷於外向的庸俗化」（原書，頁五〇）。換言之，太虛大師的「人生佛教」，儘管理論雄辯滔滔，但說者自說，聽者稀少。在臺灣的情況，雖然好一些，卻屬「庸俗化」的贊同者。──在印順的心目中看來，太虛大師的「人生佛教」，總不免為「圓融」所累！現在臺灣的「人生佛教」、「人間佛教」、「大乘佛教」，依然是適應方便的多，契合佛法如實多少，本質上還是「天佛一如」。他特別未指各地批評了「顯密圓融」的提倡者（原書，頁六五）。而他自己提倡的，則是「契理契機的人間佛教」。

太虛大師的佛教思想，是傳統中國佛教的如來藏系思想。這種佛教的系統，印順法師曾批評它說：依印度佛教思想史來看，是屬於「後期大乘」的。「理論的特色是至圓」，「方法的特色是至簡」，「修證的特色是至頓」。它的流弊是：急於求成就，「一生取辦」，「三生圓證」，「直指人心見性成佛」、「立地成佛」，或「臨終往生淨土」，就大大的傳揚起來。──這種思想的更進一步發展，是「秘密大乘佛法」，強調「佛德本具（本來是佛等）論」。印順法師認為它是大乘佛法的「逆流」，所以另行提倡人間化的佛教。他的佛法抉擇體系如下：

　　立本於根本佛教之淳樸，宏闡中期佛教之行解

（以龍樹爲菩薩典範；但須防梵化之機），攝取
後期佛教之確當者。（見《印度之佛教》，〈自
序〉，頁六）

這一抉擇，當然不同於中國傳統佛教臺、賢、禪、淨
各宗的教法。但，印順法師坦言自己：「我（印順）不是
宗派徒裔，不是學理或某一修行方法的偏好者。我是爲佛
法而學，爲佛法適應於現代而學的，所以在佛法的發展中，
探索其發展的脈絡，而了解不同時代佛法的多姿多態，而
作更純正的、更適應於現代的抉擇。」（見《契理契機的人
間佛教》，頁三二）

我們發現：印順法師的詮釋點，還是在爲傳統佛教與
現代世界，舖陳一條溝通的橋樑。或許在理論內容上，和
太虛大師的「人生佛教」有所差異，但，他關懷現代社會
的大方向，還是和太虛大師同調的。他也不否認這一點。
正如他自己所說的：「宣揚『人間佛教』，當然是受了太虛
大師的影響，只是『多少是有些不同』。」（《契理契機的人
間佛教》，頁四三）

印順法師的上述抉擇中，主要是在反神化的「秘教」。
他曾在給我的信中說，他不是一個新說的發明者，只是講
明古代的經論原義而已（一九七八年四月七日）。他的處理
經論態度，如就印度佛教思想的系統來看，其實也相當傳
統──只是相對於中國佛教，有所差異罷了。他說：

古代經論，解理明行，只要確立不神化的「人間佛教」的原則，多有可以採用的。人的根性不一，如經說的「異欲，異解，異忍」，佛法是以不同的方法——世界，對治，爲人，第一義悉檀（宗趣），而引向佛法，向聲聞，向佛的解脫道而進修的。這是……能契合佛法，不違現代佛法。（見《契理契機的佛法》，頁四三）

照這樣看來，他除了一貫堅決反對「梵化」、「神化」的迷信佛教外，晚年的他，對佛法的多元化，表示了他最大的容忍。他之批評「顯密圓融」爲「天佛一如」，爲「庸俗化」，不是反對搞活動的實踐面，只是覺得「藏密」不應如此提倡，故不惜以「庸俗化」——認知不清——批判之！

四、虛、印對「人間佛教」看法歧異的原因

雖然「人間佛教」一詞，近年來才在臺灣漸漸流行。印順法師的《契理契機的人間佛教》，也才剛在今(78)年出版，但印順法師早在大陸時期，寫《印度之佛教》（一九四二年）時，已處理過這個大問題了。

他之寫作《印度之佛教》的動機，是感於印度佛教因密教盛行而衰滅，而中國佛教在抗戰期間，對國族和聖教

的危難，都無解難之力。梁漱溟在一九三八年，於四川縉雲山，和他談學佛中止之事，更令他去反省佛教本質的思想問題（見《印度之佛教》，〈自序〉，頁一一七）。由此看來，他和太虛大師都是在回應時代的壓力。梁漱溟其人和密教問題，是虛、印二人皆共同面對者，出發點是一樣的。

但是，何以兩人思想，會分道揚鑣呢？

根據印順法師的看法，他和太虛大師，在性格上和學風上，是不同的兩個類型。太虛大師屬於「重經驗的」，他是屬於「重知識的」（見〈談入世與佛學〉，載《無諍之辯》，頁二〇八～二〇九）。另外，他在〈冰雪大地撒種的痴漢——讀臺灣當代淨土思想的新動向〉一文裡，也提到他的年歲較太虛大師為輕，時代不同，看法自異（收入拙著《人間淨土的追尋》，臺北：稻鄉出版社，一九八九年，頁二二一～二二三）。但是，我認為最關鍵的是：印順法師接觸到月稱的《入中論》，瞭解正統中觀思想，而對佛法自《阿含》到《中論》的發展，有了清楚的認識。這是一九三九年的事。《入中論》是法尊自藏文中譯出的，太虛大師和印順法師都同時讀到這本著作，但兩人的反應截然不同。

《入中論》高舉龍樹空義，破唯識思想（真妄俱破）。對印順法師來說，並不構成困擾。因他研究佛學，原自《三論》入手，只是《三論》在中國的註解，受到老、莊思想的影響；如今，他因和法尊共同商榷譯文，並請法尊譯出龍樹的《七十空性論》（見印順，〈平凡的一生〉，載《華雨香雲》，臺北：正聞出版社，一九七三年，重版，頁二三），

知道正統的龍樹思想後，他只須棄除老、莊的成份即可，在精進和弘法上，絲毫未受影響。

他的較有系統的著作，如《唯識學探源》，要到隔年（一九四〇）才撰出來。可以說，一切正在開始的階段。等到寫《印度之佛教》時，在書中將「人間佛教」的體系提出（見原書第三章，〈佛理要略〉，頁三七～五二），正好是生平佛教思想成熟之時。

太虛大師則不然。此時已是他的晚年（太虛大師於一九四七年逝世），在此之前的數十年間，他依中國傳統的各宗佛教思想，結合世界的各種新知，提倡所謂「人生佛教」或「人間佛教」，已是名滿天下，著作等身之人。一旦發現《入中論》所謂正統中觀空義者，大破唯識思想——太虛大師極力宏揚者——無異要將其一生努力，悉數否定。所以他著〈閱入中論〉，評其為「功過互見，而瑜不掩瑕」（《全書》，第二十五冊，頁七五）。特別是，《論》中提到：「若離於本論，餘論無此法。」太虛大師痛斥道：「若無，則龍猛外諸聖賢論皆應廢棄！……除自所宗《中觀論》外，概謗餘宗為亂造之理，（視）如外道邪教，……此種褊狹之胸襟，實出部派之惡諍，較之宗喀巴以三士道攝佛及聖弟子等所說皆為教授；上士道攝二大轍及密咒道，寬隘天淵！猶使中國佛教之不習印度部諍者，竟莫能想像其何以橫惡如此！……印度之佛法，由此衰滅，不足驚尤不應學也！」（同前引書，頁七四）

印順法師高舉的空義大旗，在太虛大師看來，正是一

切弊端的源頭。他在〈再議印度之佛教〉裡,更將空宗的清辨視為啓諍的禍首,以及佛教流入密教化的主因。反而,中國佛教的臺、賢、禪、淨諸宗,因有「圓融」特質,吸收各家長處,而免於密教化,和如印度佛教之衰滅(同前引書,頁五九～六四)。

於是,太虛大師提出一佛法的抉擇體系:

「基佛世之淳樸,握持馬鳴、龍樹、無著之一貫大乘。」(〈再議印度之佛教〉,同前引書,頁五〇)兩者的思想,即成了馬鳴與龍樹之諍了。

他認為新的佛教體系,應該是:「五乘共法,以淨化人間,進善來生。三乘共法,以出離世繫,解脫苦本。大乘特法,以圓覺懸示最高目標,唯識統貫始終因果,性空提持扼要觀行,由此以發達完成一切有情至上之德能,則組入佛法新體系中,不應偏棄。」(同前引書,六五～六六)亦即,只要「性空者」讓一階,即大家有飯吃!

五、太虛大師對中國佛教的終極關懷

為什麼太虛大師在現代世界的環境裡,如此堅持他融攝傳統中國佛教各宗的詮釋觀點?我們前面各節,已從許多角度,加以申論過。但是,從未如他面對印順法師的「人間佛教」之說法時,那樣清楚地道出他的「終極關懷」。

印順法師不為「宗派徒裔」,不為「民族感情所拘」,太虛大師則不然。中國佛教的現代功能,在他看來,才是此時、此地,最「契理契機的」(借印順法師之語)。

他認爲中國是大一統的國家，處於現代文明發達，交通便利之世界，在宗教上也須有大一統的包容性，所以在理論的層面上，要極其開闊才行。在另一方面，佛教如過重人本，則入世方面，依然不如儒家，出世方面，亦遜於回教和基督教的信仰高超（前引書，頁五）。因此，他忠告印順法師說：「佛法應於一切衆生中特重人生，本爲余所力倡，如『人生佛教』，『人間佛教』，『建設人間淨土』，『人乘直接大乘』，『由人生發達向上漸進以至圓滿即爲成佛』等。然佛法究應以『十方器界一切衆生業果相續的世間』爲第一基層，而世間中的『人間』則爲特勝之第二階層，方需有業續解脫之三乘及普渡有情之大乘。原著以《阿含》『諸佛皆出人間，終不在天上成佛也』片言，有將佛法割離餘有情界，孤取人間爲本之趨向，『則落人本之狹隘』。」（同前引書，頁五二）

如照「六道輪迴」的思想體系來看，太虛大師的如此看法，是符合佛教精神的。但印順法師並不否認這一體系，他只是依業報原理，選擇「人間」爲成佛之歸宿地，這一「有餘涅槃」，其實在效法佛陀於人間成道的榜樣。於是，彼此之間，又變成各說各話的局面了。

可是，不論太虛大師或印順法師，在教法上，都不同於傳統的中國佛教。試問：傳統中國佛教，在清末以前，何嘗出現過「人生佛教」或「人間佛教」的思想？如有亦只是在儒家官僚的攻擊下，不得不自我辯護、力求妥協和尋求經濟自足之道罷了。

此外，在各期佛法中，擇取精華，懸爲理想，是否可行？在世間的實踐中，亦有待實證。

儘管如此，百年來，如無太虛大師的「人生佛教」或「人間佛教」之提倡，中國佛教現代化的問題，恐怕迄今猶難有足夠代表性的思想來討論。卽使印順法師個人而言，也可能走上另一條不同的路上去！因此，在太虛大師百年誕辰的今日，來回顧這一段從「人生佛教」到「人間佛教」的思想發展歷程，絕不是沒有深刻意義的。